JN411430

한중
과소자본세제
에 관한
비교법적
연구

서
련 徐蓮 XU LIAN

중국 베이징 대성 로펌 변호사

아시아태평양법
연구시리즈 6

한중 과소자본세제에 관한 비교법적 연구

서련

민속원

머리말

이 글은 3년간의 한국 유학 생활 동안 가장 값진 선물이었습니다. 비록 법학 이론에 대한 연구는 초보적인 법조 비교 단계에 머물러 있었지만 저희 존경하는 지도교수인 이창희 교수님과 논문 심사교수인 윤지현 교수님의 끈질긴 지도로 이루어진 것입니다. 졸업 후 2년이 지났음에도 불구하고 교수님께서 학업에 도움을 준 것에 대해 감사하게 생각합니다. 논문 교정은 물론 한국에서의 유학생활이 늘 행복하도록 도와준 전령현 교수님과 김은옥 변호사님에게도 감사를 드립니다.

이 글을 쓰는 초심은 사실 매우 간단하고 그저 한중 세법제도에 서로 많은 다른 규정이 있음에도 근본을 따지면 그 배후에 있는 경제사상과 유사한 점이 많다는 것을 보여 주는 취지입니다. 예를 들면 본문의 과소자본세제, 중국의 과소자본세제는 그 형식에 있어서는 한국과 크게 다르지 않습니다. 따라서 중국에 진출하였거나 진출예정인 한국 투자기업들은 중국의 과소자본세제 내지 조세회피방지규정을 쉽게 이해하는 데 많은 도움이 됩니다. 이런 의미에서 법학실무에 조금이라도 보탬이 됐으면 한다는 마음으로 본문을 작성했습니다.

서련

차례

01

서론

제1절
연구의 배경과 목적

중국은 1979년에 개혁 · 개방 정책을 실시해오면서 수십 년의 경제개발 단계 동안 외국인 투자유치 촉진을 목적으로 중국에 진출한 외국기업에 대하여 장기적인 조세특혜를[1] 베풀었다. 내국법인과 차별화된 법인세제는 외국기업으로 하여금 중국에서 오랫동안 세금에 관한 '초超국민대우super-national treatment'를 누리게 하였다. 하지만 이런 차별 대우는 중국 정부가 2008년에 새로운 '기업소득세법'을 시행함에 따라 깨졌다. 즉 전에 외국기업에 한하여 적용되던 조세우대 조치를 '내자기업內資企業'으로 확대함과 동시에 통합조세체계의 구축으로 내 · 외국법인에 대한 세법 적용은 동등해졌다.

1· 예를 들면 외국인투자기업이 이익발생 사업연도로부터 기업소득세에 대하여 2년간 면제, 3년간 50% 감면해주는 소위 '양면삼감반(兩免三減半)' 세금혜택.

그러나 조세혜택의 폐지로 인하여 일부 외자기업外資企業의 실제적 조세부담이 그만큼 늘어나게 되었고, 이를 경감할 목적으로 기업들은 조세회피행위를 하기 시작하였다. 외국법인의 조세회피행위는 중국에 엄청난 조세수입 일실의 문제를 초래한 바, 중국 국가세무총국國家稅務總局(이하 "국세국"라고 함)이 공포한 통계자료에 의하면 2008년 신新 기업소득세법의 시행부터 2014년까지 외국기업이 각종 수단을 통하여 타국으로 이전한 누적소득금액은 매년 평균 500억 위안(약 8.3조 원)을 초과하였다.[2]

각종 조세회피행위 중 과소자본 행위, 즉 기업 운영자금의 대부분을 출자보다는 차입에 의존하도록 자본 구조를 만드는 행위는 기타 조세회피수단에 비하여 일반적으로 기업의 영업비밀과 관련이 있어 정보를 획득하기 쉽지 않은 탓에 이를 이용하는 다국적 기업들이 점점 늘어나고 있다. 2011년 이전에 중국 조세회피방지의 관리는 주로 이전가격세제에 중점을 두었으나[3] 2011년에 중국 국내에서 과소자본세제가 적용된 첫 번째 과세처분[4]의 등장으로 과소자본 문제가 새로이 주목을 받게 되었다. 특히 최근 몇 년간 중국 다국적 기업 외에 지급이자의 손금성損金性을 이용하여 조세회피를 하려는 내국법인도 빈번하게 나타나서[5] 과소자본세제에 대

---

2 http://www.chinatax.gov.cn/n810219/n810724/c1507274/content.html 방문날짜 : 2017.4.12.

3 刘剑文, 『国际所得税法研究(第一版)』, 145쪽.

4 2011년 11월 25일 중국 산서성(山西省) 국세국이 일본에 본부를 둔 다국적기업의 중국내 자회사의 과다보유한 차입금에 대한 지급이자를 손금불산입함으로써 1,100여만 위안(약 18여억 원)의 기업소득세를 추징하였다.
http://blog.sina.cn/dpool/blog/s/blog_9aa89db10100xb3x.html 방문날짜 : 2017.4.12.

5 예를 들면 2014년 중국 감숙성(甘肅省) 란주시(蘭州市) 국세국은 어떤 내자기업이 특수관계인에게 지급하는 이자를 손금부인하면서 114.7만 위안(약 2억5천만 원)의 기업소득세를 추징하였다.
http://www.chinatax.gov.cn/n810219/n810739/c1134670/content.html 방문날짜 : 2017.4.12.

한 논의는 세제에 관한 가장 큰 이슈가 되었다.

오늘날 세계 각국의 과세당국은 대부분 과소자본세제를 마련하였다. OECD 모델조세조약에서도 이를 정당한 제도로 규정하고 있다.[6] 그럼에도 불구하고 중국은 2008년 신 기업소득세법의 제정 당시에 이르러서야 과소자본세제를 처음 도입하였고, 지금까지 이에 관한 법적 규정이 아직 많지 않고 실행 과정 중 발생한 많은 문제에 대처할 수 있는 구체적인 법적근거가 또한 미비하여 만족할만한 정도로 전문화 및 체계화되지 못하였다. 이에 반해 한국은 1995년에 이미 과소자본세제를 도입하였고 중국보다 법적 규정이 완비되어 있을뿐더러 참고할만한 학설이나 판례도 많이 형성되어 있다.

이로 인하여 본 논문은 다음의 두 가지를 중심으로 연구하고자 한다.

첫째, 한중 양국의 과소자본세제에 관한 법적 규정을 대조하여 정리하면서 구체적인 사례를 통하여 비교 연구를 할 것이다. 둘째, 관련 국제적 논의 동향을 파악하여 이를 바탕으로 중국 과소자본세제를 보완함에 있어서 시사점을 도출할 것이다.

6· OECD Committee on Fiscal Affairs(1987, 이하 "CFA 보고서"라고 함), "Thin Capitalization", 18면. 일반적으로 과소자본세제는 OECD모델 조세조약 제9조 제1항(특수관계기업간 거래에 관한 과세조정) 및 동조 제2항(대응조정) 또는 제11조 제6항(특수관계인간의 이자 지급에 대한 조약상의 혜택 배제)에서 근거를 찾을 수 있다고 설명한다.

제2절
연구의 구성

과소자본세제에 관한 일반적 이론과 한중 양국의 과소자본세제 개관을 다루는 제2장의 구성은 다음과 같다. 우선 논의의 출발점에서 과소자본 문제의 설명을 통하여 과소자본세제의 도입 목적을 살펴본다. 과소자본세제는 내국법인이 부채비율을 높여서 이자지급의 형식으로 세금을 부당하게 줄이는 조세회피행위에 대한 대책이고 또는 기업의 재무구조 중 비합리적인 부채비율을 규제함으로써 건전한 자본시장을 유지하는 조세정책으로 평가된다.

제2절에서 한중 양국 현행법 규정에 근거하여 구체적인 사례 형식을 통하여 과소자본의 경제적 효과를 분석하며, 기업이 어떤 경우에 과소자본 전략을 취하고자 하는 경제적 욕구가 발생하는지를 살펴본다. 즉 한중 양국의 세제 하에 투자자가 출자회사에 대하여 자금을 조달할 때 차입금에 주로 의존한다면 당사자의 관점에서 항상 유리한가에 대하여 실증분석 하는 것이다.

다음으로, 과소자본세제의 접근방법을 알아보고 이어서 한중 양국 과소자본세제의 도입배경과 이에 관한 현행법을 살펴본다. 특히 한국 과소자본세제는 외국계기업만 적용대상으로 삼고 있는 반면, 중국의 입법례 법문에서 외국법인 외에 내국법인에 대해서도 과소자본세제를 적용하는 것은 중요한 문제이며 이어지는 논의 분석의 전제이기도 하다.

제3장과 제4장에서는 한중 양국 과소자본세제의 적용요건과 손금불산입 이자의 소득처분을 살펴본다.

제3장은 과소자본세제의 주관적 적용대상, 부채, 자기 자본, 부

채와 자기자본의 비교, 지급이자 등 쟁점의 차례로 논의를 진행한다. 본장에서는 한중 양국 과소자본세제의 적용요건을 일일이 비교분석하는 것 외에 이에 관한 중국 현행법의 문제점 및 개선점에 관한 의견도 제시한다. 예를 들면, 중국 과소자본세제의 적용대상은 이전가격세제와 구분되지 않아 체계상 혼란이 생기는 문제가 있다. 그러나 이런 문제가 생기는 원인이 무엇이고 또한 어떻게 해결하여야 할 것인지는 더 깊이 검토할 필요가 있을 것이다.

제4장에서는 사례분석을 통하여 한중 과소자본세제 하에 내국법인의 손금불산입된 지급이자에 대한 소득처분을 살펴본다. 특히 한국의 '배당재구성'과 달리, 중국은 이자를 받는 자의 소재지국에 따라 국내 및 국외를 구분하여 각각 서로 다른 소득처분을 적용하는데, 이 제도의 타당성 여부를 검토하고, 과소자본세제와 국제조세조약상 차별금지원칙과의 관계를 검토해 본다. 또 과소자본세제와 조세조약상의 소득구분 등 국제적 조세동향을 파악하여 한중 양국의 과소자본세제를 보완함에 있어서 시사점을 도출할 것이다.

제5장에서는 중국 과소자본세제의 현황 및 문제점을 정리하고, 한국 현행법을 참조하여 보완가능한 시사점을 제시한다. 중국 과소자본세제는 관련 법률의 미비로 인하여 아직 많은 부분에서 한계점이 있고, 또한 법보다는 '행정' 당국의 재량적 판단에 따라 일이 처리되는 경우가 많은 한편, 행정의 기준이 되는 '조세정책'이 수시로 변한다는 문제도 있다. 이런 문제를 해결하기 위해서는 아직 발전 단계에 있는 중국은 한국의 과소자본세제에 대하여 비교법적으로 면밀히 검토할 필요성이 있다.

앞서 한중 양국의 과소자본세제의 비교분석을 통하여 알 수 있듯이, 비록 구체적인 조문의 용어나 손금불산입된 지급이자액의 계산방법 등에 다소 차이가 있다하더라도 핵심 판정기준은 큰 차이가 없을 것으로 판단된다. 뿐만 아니라 한국 과소자본세제에 관한 현행규정은 수차례 수정을 거쳤는데 구舊법에는 중국의 현행법과 일치하는 조항들도 많이 있다. 따라서 중국 과세당국이 과소자본세제를 적용하는 과정에서 발생하는 문제에 관하여 한국 세법상의 규정을 참조할만한 가치가 있을 것이다. 마지막에 앞으로 중국 조세체계의 개선을 기대하며 글을 마무리한다.

02

과소자본세제의 이론적 검토

제1절
과소자본thin capitalization제도

I. 과소자본세제 도입목적

1. 조세수입확보

자본조달의 비용과 관련하여 일반화된 파세원칙을 살펴보면 기업이 자기자본에 대한 비용, 즉 주주에게 지급하는 배당은 납세자의 소득금액 계산 시 손금으로 인정되지 않는다. 이에 반해, 기업이 타인자본에 대한 비용, 즉 채권자에게 지급하는 이자는 특별히 법령에 제한이 있지 아니한 경우 손금으로 인정된다. 따라서 투자자는 투자수익을 극대화하는 목적으로 기업에 대한 출자형식보다는 대출형식으로 투자를 할 것을 선호하고, 그 결과 납세자의 과세소득이 감소함으로써 과세당국의 입장에서 보면 조세수입 일실이 생길 우려가 있다.

이러한 차입거래는 특히 특수관계에 있는 다국적기업들 간에 이루어진다. 모회사 본국은 자국의 법인에게 귀속되는 국외원천소득에 대하여 외국소득면제 세제를 택하는 경우 해외자회사가 원천지국에서 납부하는 법인세가 그대로 모회사에 대한 최종적 세부담이 된다. 이로 인하여 다국적기업들이 차입금이자의 손금산입을 이용하여 세금을 줄이려 함은 당연한 일이다. 설령 모회사 본국의 세제가 외국납부세액공제인 경우에도 공제한도 따위의 여러 가지 사정으로 인하여 해외자회사가 현지에서 납부하는 세금을 줄이는 방향으로 행동을 옮기는 것은 오히려 보편적이다.[1] 또한 내국법인이 외국인투자자에게 지급하는 이자는 대개 비거주자에게 과세되지 않거나[2] 조세조약상의 제한세율로 원천징수되기도 한다.[3] 요컨대 다국적기업이 해외진출과정에서 출자형식보다 채권채무라는 형식을 많이 취함으로써 결과적으로 조세를 회피할 가능성이 높다.

이와 같은 부채/자본 비율을 이용하여 이자지급 형식으로 이익을 타국으로 이전하는 것은 원천지국의 세원잠식base erosion을 낳을 수 있다.[4] 이에 대한 대책으로 세계 여러 나라가 출자자금의 일정

1· 이에 관한 세부적인 설명은 이창희, "외국납부세액공제 제도의 제 문제" 참조.

2· 예를 들면 OECD 30개 회원국 중 미국, 한국, 일본, 영국, 독일, 프랑스, 이태리, 스페인, 아일랜드 등 14개국은 외국인의 국채 투자 시 이자소득에 대한 법인 · 소득세 원천징수를 면제하고 있다. 중국도 같은 조치를 취하고 있다.

3· 한국 국세청 2012년 7월 1일부터 시행한 「조세조약상 제한세율 적용을 위한 원천징수 절차 특례제도」 그 예로 들 수 있다.

4· 세원잠식은 조세부담을 감소시키기 위하여 세원을 축소하는 것으로 세수확보, 조세주권, 조세 공평성을 악화시킬 수 있다. OECD 2013년 3월 19일 발간한 국제적 세원잠식(Base Erosion and Profit Shifting) 보고서 참조.

비율 이상을 초과하는 차입금 상당액에 대한 지급이자를 내국법인의 각 사업연도소득금액 계산 시 손금에 산입하지 않는 '과소자본세제'를 두고 있다.[5] 즉 과소자본세제의 도입 목적은 주로 과세당국의 조세수입확보인 것으로 해석된다.[6]

2. 건전한 자본시장 유지

실은 기업이 높은 부채비율을 유지하려는 요인이 반드시 조세회피목적에만 존재하는 것은 아니다. 기업의 입장에서 보면, 정상적인 운영의 전제하에서, 이윤극대화를 실현하기 위하여 적정 자산부채비율의 범위 내에서 부채를 안을 시 적정선까지는 상대적으로 부채를 사용하여 기업의 자산수익률을 최대한으로 높일 수 있다.[7] 이것은 정상적이고 합리적인 경제현상이다. 또한 투자자의 입장에서 보면, 회사에 자금을 출자하는 방식보다 대여형식으로 투자를 하는 것은 유동성을 확보함에 있어서 더욱 유리하다. 그 이유는 자금 대여 시 기업이 대출금을 자유롭게 상환하도록 할 수 있지만, 반면 출자의 경우에는 회사법에 따른 적법한 자본감소 절차 없이는 지분투자금액을 상환(주식을 상환 또는 자본을 감소)할 수 없기 때

5· 오늘날 각국의 과소자본세제의 내용을 소개한 글로는, Stuart Webber, Thin Capitalization and Interest Deduction Regulations, Copenhagen Research Group on International Taxation, Discussion Paper No. 8, 2010 및 OECD, Thin Capitalization Legislation : A Background Paper for Country Tax Administrations(Initial Draft), 2012 참조.

6· 미국이 1989년 과소자본세제인 연방세법(IRC) 제163조(j)를 제정할 당시의 국회보고서는 이러한 입법의도를 분명히 밝히고 있었다. HR Rep. No. 247, 101st Cong. 1st Sess. 1241 (1989). 미국의 과소자본세제 입법사에 관해서는, Kuntz & Peroni, *U.S. International Taxation*, WG&L, 2015, ¶C3.04[5][d] 참조.

7· Phillip R.Daves · Michael C.Ehrhardt · Ronald E.Shrieves, "Corporate Valuation : A Guide for Managers & Investors", *South-Western Cengage Learning*, p.6.

문이다.[8] 또 하나의 이유는 원본을 안전하게 회수하기 위해서이다. 가령 투자자가 기업의 지배주주가 아닌 이상 피투자기업의 주주총회가 해당 사업연도에 배당하지 않는다고 결의한다면 당장 투자원본을 회수하는 것은 어려운 일이다.[9] 반면 대여형식의 경우 채무이행일이 계약에 확정되어 있는 까닭에 즉시 투자수익을 얻지 못할 '리스크'가 비교적 적다. 또 배당소득의 경우 경제적 이중과세는 필연적으로 발생하게 되지만 이자소득은 경제적 이중과세 문제가 존재하지 않으므로 기업이 부채비율을 인위적으로 높일 유인이 된다.

그럼에도 현실에서 모든 자금조달에서 법인세 절감효과가 존재하는 부채를 사용하지 않는 이유는 파산위험이 존재하기 때문이다. 즉 기업이 부채의 과도한 사용으로 인하여 부채 및 이자를 상환하지 못하는 위험에 처할 수 있을 것이다. 또는 대출자 입장에서도 부채비율이 높은 기업의 경우 대출채권의 회수가능성이 낮아지기 때문에 적정 규모 이상의 대출을 실행하지 않는다.[10] 그러나 차입자인 기업을 지배하는 특수관계인은 부채 또는 이자의 지급시기 등의 조정을 통하여 파산위험을 조정할 수 있기 때문에 적정 규모이상의 부채를 사용할 수 있다. 따라서 지급이자의 과다공제 제한은 일반적으로 특수관계인 간의 차입거래에서 발생하는 이자비용에 대해 초점을 맞추고 있다.

하지만 기업에 대한 인위적인 자본구조의 조정을 항상 통제할

8· 한국 상법 제345조(상환주식의 상환), 제343조 단서(주식의 이익소각) 참조. 중국 현행 회사법도 자본감소에 대하여 주주총회의 특별결의와 채권자 보호절차를 요구하고 있다. 중국 회사법 제36조, 38조 제1항 제7호 참조.

9· 한 예로서, 중국 현행 회사법 제18조에서 주주총회가 배당결정권을 가진다고 규정하고 있다.

10· 徐洪才主编, 『中国资本运营经典案例(下册 : 问题篇)』, 221쪽.

수 있는 것은 아니다. 경제 주체인 기업들이 과도한 부채를 지는 경우 국가 전체적으로 부실채권으로 인한 금융위기가 발생하거나 국가 경제의 장기 불황을 일으킬 수도 있기 때문이다.[11] 이런 측면에서 과소자본세제는 기업의 자본구조 가운데 불합리한 부채비율을 규제함으로써 건전한 자본시장의 운영을 유지하는 목적도 아울러 있는 것으로 보인다.

Ⅱ. 과소자본의 경제적 효과

1. 과소자본전략 및 절세효과

위에 살펴본 논리는 다음과 같은 사례를 가지고 설명하는 것이 이해하기 쉬울 것이다. 본문은 주로 한중 양국의 과소자본세제에 관한 비교연구이기 때문에 아래의 사례에서 적용되는 세제는 전부 한중 양국 현행법의 규정이다.

[사례 1]

주주 갑 회사는 거민기업[12]居民企業(내국법인)인 을의 지주회사인 경

11· 2008년의 미국 금융위기를 예로 들 수 있다. 현재 중국 경제도 과도한 부채로 미국의 美 서브프라임 사태처럼 금융위기가 촉발될 수 있는 최대 리스크에 직면하고 있다. 상세한 것은 罗慰年, 『半资本论 : 半资本主义与中国社会』, 307쪽 참조.

12· 중국 기업소득세법에서는 기업을 '거민기업(居民企業)'과 '비거민기업(非居民企業)'으로 분류한다. 동법 제2조에 의하면 '거민기업'이라 함은 법에 따라 중국 국내에서 설립되었거나 외국(지역)법률에 근거하여 설립되었으나 '실제 관리기관'이 중국 국내에 있는 기업을 말한다. 한편 '비거민기업'이란 외국(지역)법률에 근거하여 설립되었고 중국 내에 '실제 관리기관'은 없지만 일정한 '기구 · 장소'를 중국 국내에 두고 있는 기업 혹은 중국 국내에 '기구 · 장소'는 두고 있지 않으나 중국 원천소득이 있는 기업을 말한다.

우를 가정한다. 현재 갑은 을에 대한 자금조달계획을 세우면서 아래와 같은 투자방안을 선택할 수 있다.

방안1 : 출자형식으로 을에 대하여 자금을 대주는 것. 따라서 갑은 출자에 대하여 을로부터 배당금을 받는다.

방안2 : 차입금의 형식으로 을에 돈을 대여하는 것. 따라서 갑은 을로부터 이자를 받는다.

위와 같은 가정 아래 조세부담만을 고려한다고 할 때 과연 을 회사가 자기자본을 적게 유지한 채 타인자본에 주로 의존한다면 기업집단의 관점에서 항상 유리한가? 결론부터 말하면 각국의 과세제도에 따라 결과가 다를 수 있다. 먼저 상황별로 기업집단 차원의 갑과 을의 전체적 조세부담을 살펴보고 중국과 한국이 각각 다른 조세제도를 운영하고 있을 때 주주가 대여 방식의 자본조달을 통하여 절세를 할 수 있는지를 검토하고자 한다. 위의 예에서 법인세와 지급이자를 차감하기 전에 을 회사의 이익은 100이라고 하자. 이와 같은 가정 아래 다음과 같은 5가지 상황을 생각해 보자.

[상황1] 갑은 거민기업(내국법인)이고 현재 갑과 을은 모두 보전하여야 할 결손금이 없다.

한국 법인세법에서는 법인을 내국법인과 외국법인으로 나누고 각각에 대하여 정의를 하고 있는데, 각각이 부담하는 납세의무의 범위와 관련해서는 중국의 기업소득세법과 마찬가지의 입장을 취하고 있다고 보아도 무방할 것이다. 이로 인하여 이하의 논의에서 특별한 설명이 없으면 거민기업은 내국법인(외국법인의 국내사업장 포함), 비거민기업은 외국법인과 같은 개념으로 사용하기로 한다.

〈표 1〉

		방안1 (출자)	방안2 (차입금)	결론
중국	갑	갑은 자회사로부터 받은 수입배당금액이 비과세되므로 납부할 세금이 0이다.[13]	갑은 이자소득에 대하여 25(=100×25%)의 기업소득세를 납부하여야 한다.	갑은 어느 방안을 선택하든지 결국 아무런 차이가 없다.
	을	을은 지급배당금에 대하여 손금산입할 수 없으므로 25(=100×25%)의[14] 기업소득세를 납부하어여 한다.	을은 지급이자의 손금산입으로 해당 지급이자에 대한 기업소득세부담이 없다.	
	전체적 세금부담	0+25=25	25+0=25	
한국	갑	갑은 을의 지주회사 또는 100% 모회사로서 받아가는 배당금에 대하여 익금불산입된다.[15]	만약 갑과 을에게 적용된 법인세율이 같다면, 갑은 이자소득에 대하여 법인세 20(=100×20%)을 납부하여야 한다.	갑은 어느 방안을 선택하든지 결국 아무런 차이가 없다.
	을	논의의 편의를 위하여 갑과 을에게 모두 20%의 법인세율이 적용된다고 한다.[16] 따라서 을은 지급한 배당금에 대하여 손금산입할 수 없으므로 법인세 20(=100×20%)을 납부하여야 한다.	을은 지급이자를 손금산입으로 당해 지급이자에 대한 법인세부담이 없다.	
	전체적 세금부담	0+20=20	20+0=20	

13· 중국 기업소득세법 제26조, 동법 실시조례 제83조. 중국은 조건에 부합하는 거민기업간의 주식배당금 등 '권익성투자' 수익(이에 대한 상세한 설명은 본문 제3장 제3절 Ⅰ에서 후술하도록 한다)에 대하여 면세한다. 즉 거민기업이 직접투자로 수취한 투자수익을 의미한다. 다만 상장주식에 대한 주식보유기간이 12개월 미만인 경우를 제외한다.

14· 중국 기업소득세법 제4조, 동법 제28조. 국가가 중점적으로 육성하고 있는 첨단기술기업 및 조건에 부합하는 소규모 기업에 대하여 각각 15% 및 20%의 세율을 적용하는 것 이외 기업소득세율은 통일적으로 25%로 한다.

15· 법인세법 제18조의2. 지주회사가 자회사로부터 받은 배당금은 각 사업연도의 소득금액을 계산할 때 익금에 산입하지 않는다. 또 이러한 지주회사에는 해당하지 않더라도 100% 모회사인 경우에도 마찬가지이다. 법인세법 제18조의3.

16· 법인세법 제55조 제1항. 한국은 현재 10%, 20% 및 22%라는 3단계 누진세율이 적용하고 있다. 과세표준이 2억 원에 미달하는 구간에 대해서는 10%의 법인세율이 적용되지만 실제로는 법인세율 10%는 아주 예외적인 경우이므로 논의의 편의를 위하여 여기서는 무시하도록 한다.

[상황2] 갑은 비거민기업(외국법인)이다. 이 상황에서 갑의 거주지국은 한중 양국과 아무런 조세조약도 체결하지 않았고, 또한 외국납부세액에 대한 면제나 공제제도가 없다고 가정한다.

〈표 2〉

		방안1(출자)	방안2(차입금)	결론
중국	갑	갑은 배당소득에 대하여 원천소득세 7.5(=75×10%)를 납부하여야 한다.[17]	갑은 이자소득에 대하여 원천소득세 10 (=100×10%)을 납부하여야 한다.	주주인 갑은 방안2를 선택하는 것이 세금을 줄일 수 있다.
	을	상황1과 일치한다.		
	전체적 세금부담	7.5+25=32.5	10+0=10	
한국	갑	갑은 배당소득에 대하여 원천소득세 16(=80×20%)을 납부하여야 한다.[18]	갑은 이자소득에 대하여 원천소득세 20(=100×20%)을 납부하여야 한다.[19]	
	을	상황1과 일치한다.		
	전체적 세금부담	16+20=36	20+0=20	

〈표 1〉의 계산결과를 살펴본 바로는 비록 한중 양국의 법인세제에 따라 갑과 을의 전체적 조세부담의 최종결과가 다르지만, 이것은 그저 적용된 법정세율의 차이 때문에 생긴 수치상의 차이에 불과하며 결론에 영향을 미치지 않는다. 즉 법인간 배당소득에 대

17· 중국 기업소득세법 제3조, 동법 실시조례 제91조. 비거민기업이 중국 국내 원천소득이 있는 경우, 수취한 소득에 대하여 원칙적으로 10%의 우대세율을 적용한다. 그러나 비거민기업의 거주지국과 중국이 체결한 조세조약상의 제한세율이 기업소득세법상의 원천징수세율보다 낮은 경우에는 조세조약상의 제한세율을 적용하여야 한다.

18· 법인세법 제93조 제2호 및 동법 제98조 제1항 제3호. 한국은 외국법인이 받아가는 국내원천 배당소득에 20%의 원천징수세를 물리고 있다.

19· 법인세법 제93조 제1호 및 동법 제98조 제1항 제3호. 한국 법인세법은 외국법인이 받아가는 이자소득에 대하여 지급총액의 20%(채권이자라면 14%)라는 세금을 부과하고, 이자를 지급하는 자에게 원천징수 의무를 지우고 있다.

하여 비과세하거나 익금불산입함으로써 경제적 이중과세 문제를 해소하는 경우 피투자기업의 입장에서 보면 굳이 자금조달방식을 차입금에 주로 의존할 필요가 없는 것이다. 배당이든 이자든 지급하는 쪽과 지급받는 쪽 어쨌든 한 쪽은 세금을 내는 반면 다른 한 쪽은 세금을 내지 않는다. 그 까닭은 결국 기업집단의 입장에서 보면 아무런 차이가 없을 것이다.

하지만 〈표 2〉의 결과를 보면 내국법인과 달리 외국법인의 경우 납세의무자로서 언제나 출자형식보다 채권채무라는 형식을 통하여 자회사단계의 세금을 줄일 유인을 받는다. 이것은 법인세 이중과세의 배제는 주주가 거주자인 경우에 국한되어 있기 때문이다. 한국과 중국을 비롯하여 세계 대부분 나라의 세제는 외국인투자자에 대하여 이중과세한다. 한국 법인세법은 내국법인이 받는 배당금에 대해서는 일정한 범위 안에서 익금불산입하고 있지만 외국법인이 받아가는 배당금에 대해서는 아무런 이중과세 배제 조치가 없다.[20] 중국 기업소득세법도 마찬가지이다. 곧 동일한 소득에 대하여 일단 거민기업단계에서 25%의 기업소득세를 물리고, 그 후에 주주단계에 가서 주주인 비거민기업에게 배당소득에 대한 원천소득세를 또 물리는 것이다.[21] 이리하여 다국적기업의 해외진출과정에서 모회사가 자회사에게 장기적으로 자금을 대여하는 경우 안정적인 지분공급이라는 측면에서 자본금과 유사한 효과를 얻으면서도 자회사로서 차입금이자를 손금산입할 수 있게 되므로 전체적인 조세부담이 감소할 수 있게끔 과소자본 전략을 실시함은 당연하다.

20· 법인세법 제18조의2 및 제18조의3, 소득세법 제56조.

21· 중국 기업소득세법 제3조 제2항.

중국은 2008년 이전에 외국인투자자가 외국기업으로부터 받는 배당금에 대해서는 비과세하였다.[22] 그러나 해당 규정이 신 기업소득세법의 시행에 따라 폐지되면서 외국기업의 국내원천 배당소득도 비과세대상에서 이중과세대상으로 변하게 되었다. 이로 인하여 중국 시장에 진출하는 외국기업의 실제적 조세부담이 그만큼 늘어나게 되었고 따라서 절세의 목표는 다국적기업들이 과소자본 수단을 이용하는 데에 큰 동력을 부여하였다.

그러면 주주간의 배당소득 경제적 이중과세를 완전히 해소하였다면 과소자본 문제도 존재하지 않는다고 결론을 지을 수 있을까? 일단 국내법상의 이월결손금제도를 함께 고려하면서 아래와 같은 사례를 살펴보자.

[상황3] 갑은 거민기업(내국법인)으로써 현재 보전하여야 할 결손금이 있으나 을은 없다.

〈표 3〉

		방안1 (출자)	방안2 (차입금)	결론
중국	갑	상황1과 일치한다.	갑은 을 회사로부터 받아가는 이자소득 전부를 결손에 보전함으로써 당해 사업연도의 기업소득세 납부의무가 없다.[23]	기업집단의 차원에서 보면 갑은 방안2를 선택하는 것이 조세부담을 줄일 수 있다.
	을		상황1과 일치한다.	
	전체적 세금부담	0+25=25	0+0=0	

---

22 중국 外商投資企業和外國企業所得稅法 제19조. 이 법은 2008년에 중국 신 기업소득세법의 시행함에 따라 폐지되었다.

		방안1 (출자)	방안2 (차입금)	결론
한국	갑	상황1과 일치한다.	갑이 당해 사업연도 공제가능 할 이월결손금 금액은 사업소득의 80% 즉 80이다. 따라서 갑은 여전히 이자소득의 20%에 대해 법인세 4(=20×20%)를 납부하여야 한다.[24]	
	을		상황1과 일치한다.	
	전체적 세금부담	0+20=20	4+0=4	

〈표 3〉과 같은 계산결과에서 알 수 있듯이 중국의 기업소득세제 하에 모회사인 갑에게 이월결손금이 있는 경우 자회사인 을은 이익을 갑에게 배당 형태로 지급하는 것보다 이자 형태로 지급하는 편이 세금을 더 많이 줄일 수 있을 것이다. 이것은 을 회사가 지급이자 손금산입으로 공제를 받는 동시에 결손상태인 갑회사도 을로부터 받는 이자소득 전부에서 이월결손금을 공제할 수 있기 때문이다. 그러나 비록 갑 회사가 받아가는 배당소득도 이월결손금 공제의 대상이 될 수 있지만 거민기업간 비과세 요건에 부합하는 배당소득에 대해서는 원래 과세하지 않으므로 갑의 기업소득세 부담은 변함없이 0이고 마이너스(−)가 되지 못한다.[25] 이와 반면 배당금을 지급하는 을 회사가 여전히 이에 대하여 기업소득세를

23· 중국 기업소득세법 제18조. 세금 목적상 기업이 적자가 생길 경우 이를 차기 이후의 이익에서 공제할 수 있으나 적용기한은 5년이다.

24· 법인세법 제13조에 의하면 일반적 내국법인의 경우 각 사업연도 공제가능할 결손금금액은 각 사업연도 소득의 100분의 80으로 한다.

25· 이것은 법인세법에서 어느 법인이 해당 사업연도에 '결손금' 곧 '음'의 소득이 발생하였다고 하여 국가가 세금을 환급하여 주는 일이 없기 때문이다. 상세한 것은 윤지현, "부가가치세의 환급거부 '처분'과 법인세 결손금의 감액경정 '처분'의 취소청구에 관한 문제—'음'의 세액이나 소득을 조세소송에서 어떻게 다루어야 하는가?" 참조.

납부하여야 하기에 이자 형태로 이익을 분배하는 것보다 최종적 조세부담이 그 만큼 늘어나게 되었다. 이로 인하여 거민기업에 대한 경제적 이중과세 부담이 없음에도 불구하고 부채비율을 높여서 기업소득세부담을 줄이려 하는 과소자본 문제는 그대로 남아 있다. 따라서 중국의 과소자본세제는 외국계기업만 적용대상으로 삼는 것이 아니라 국내기업 사이의 과다 차입금 및 지급이자에 대해서도 손금산입에 제한을 가하고 있다.

한국의 같은 경우 이월결손금 공제한도가 있으므로 계산은 좀 복잡하지만 결론은 변하지 않는다. 을이 이익을 이자 형태로 분배하는 경우 지급이자 손금산입으로 을에 대한 법인세부담은 0이다. 따라서 기업집단의 최종적 조세부담은 갑의 법인세액으로만 결정된다. 한국 현행법에서 내국법인의 결손금공제한도가 해당 사업연도 기업소득의 80%이라고 규정하는 것은 결과적으로는 갑 회사가 받아가는 이자소득에 대하여 4%(=20%×20%)의 법인세율을 적용하는 셈이다. 이에 반해 배당금의 경우에는 지주회사 수입배당금 익금불산입으로 갑에 대한 법인세부담이 0이다. 따라서 을의 법인세 납부금액은 기업집단의 최종적 조세부담의 크기를 결정한다. 그러나 한국 현행법에 의하면 을 회사에 대하여 적용된 법인세율은 언제나 4%보다 높기 때문에[26] 지주회사가 이월결손금이 있는 경우 자회사에 돈을 대는 형식으로 출자금보다 차입금을 선택하는 것은 기업집단의 입장에서 세금을 줄이는 데에 가장 유리하다.

하지만 위와 같은 상황은 흔히 벌어지지 않는 일이다. 주주법

26· 법인세법 제55조 제1항.

인이 계속 적자를 메워야 할 경우이면 추가 자금의 투입을 고려할 수 있을까? 그러나 만일 주주인 갑이 어떤 이유에서든 이자소득에 대하여 비과세된다면 상황3과 똑같은 결과가 나온다. 전제적 세금부담 차원에서 '0+0=0'라는 구조가 똑같이 유지되어 있기 때문이다.

실은 이런 문제는 반드시 이자소득이 비과세되는 경우에만 존재하는 것은 아니다. 모회사에 적용되는 법인세율이 자회사보다 낮으면 자회사가 부채비율을 올려서 법인세 부담을 줄이려 할 경향이 그대로 남아 있기 때문이다. 가령 모회사의 법인세율은 10%이고 자회사의 법인세율은 20%라고 하자. 이 상황에서 모회사가 자회사로부터 100의 배당소득을 받아갔다면 자회사 단계의 20의 세금과 모회사 단계의 0의 세금을 합하여 전체적 조세부담은 20으로 나온다. 반면 모회사가 자회사로부터 받는 소득이 이자의 형식을 갖는다면 자회사 단계 0의 세금에 모회사단계 10의 세금을 더하면 전체적 조세부담은 10이다. 이런 경우에는 자회사가 자기자본보다 차입금 위주로 자금을 조달하는 편이 기업전체의 조세부담 관점에서 더 유리하고, 따라서 내국법인이라도 과소자본 수단을 이용할 동력을 낳는다. 결과적으로 모자母子회사 간의 경제적 이중과세를 완전히 해소하였다는 조건과 모자회사에 적용된 세율이 동일하다는 조건이 동시 만족되어야 기업집단의 최종적으로 귀속되는 소득이 출자를 한 경우나 대출을 한 경우 모두 동일하므로 조세일탈을 목적으로 과소자본을 조장할 이유가 없게 된다고 말할 수 있다.

그러나 현실적으로는 모자회사에 적용되는 세율이 동일하다는 조건은 쉽게 충족될 수 있더라도 이중과세 완전해소는 그렇지 않을 수 있다. 한국 법인세법상 수입배당금의 전액을 익금에 산입하지 않는 것은 모회사가 자회사 투자지분의 100%를 소유하는 경우에만 한하기 때문이다. 지분이 50%(주권상장법인은 30%) 초과인 경우와 50%(주권상장법인은 30%) 이하인 경우에는 각각 수입배당금액의 50% 및 30%만 익금불산입할 수 있는 것이고,[27] 따라서 배당소득에 대한 이중과세는 완전히 해소하지 않았다. 중국 기업소득세법도 거민기업간 배당소득 세금면제를 일정한 경우에만 허용하도록 규정하고 있다.[28] 주주가 개인인 경우에도 마찬가지인데 후술하도록 한다.

앞의 세 예시 전부는 주주가 법인인 경우만을 고려한 것이다. 주주가 개인인 경우이면 위와 같은 결론이 유지될 수 있을까? 이때 기업소득세법(법인세법) 외에 또는 개인소득세법(소득세법)[29]의 적용문제를 함께 고려하여야 한다. 다음으로는 일단 개인주주가 거민(거주자)[30]인 경우에 대하여 살펴보자.

[상황4] 갑은 거민(거주자)으로서 을 회사의 개인주주이다.

27· 한국 법인세법 제18조의3.

28· 주석 19 참조.

29· 중국의 「개인소득세법」은 한국의 「소득세법」에 해당한다.

30· 중국 개인소득세법 제1조 제1항. '거민'이란 중국 국내에 거소를 두고 있거나 거소를 두지 않았더라도 국내에 만 1년을 거주한 개인을 의미한다. 거민은 중국 국내·외에서 취득한 전부 소득에 대하여 개인소득세를 납부하여야 한다. 따라서 중국의 거민은 한국의 거주자에 해당하고 '비(非)거민'은 한국의 비거주자에 해당한다.

<표 4>

<table>
<tr><th></th><th></th><th>방안1(출자)</th><th>방안2(차입금)</th><th>결론</th></tr>
<tr><td rowspan="3">중국</td><td>갑</td><td>을 회사가 법인단계에서 기업소득세를 납부하고 남은 75(=100−25) 전액을 주주에게 배당한다고 가정한다. 따라서 갑은 배당소득에 대하여 개인소득세 15(=75×20%)[31] 을 납부하여야 한다.</td><td>갑은 이자소득에 대하여 개인소득세 20 (=100×20%)을 납부하여야 한다.</td><td rowspan="3">갑은 세금부담을 줄이려면 방안2를 선택하여야 한다.</td></tr>
<tr><td>을</td><td colspan="2">상황1과 일치한다.</td></tr>
<tr><td>전체적 세금부담</td><td>15+25=40</td><td>20+0=20</td></tr>
<tr><td rowspan="4">한국
ㅣ
종합
과세</td><td rowspan="2">갑</td><td colspan="2">갑은 소득세법상 최고 세율인 40%를 적용한다고 가정한다.[32]</td><td rowspan="7">갑은 세금부담을 줄이려면 방안2를 선택하여야 한다.</td></tr>
<tr><td>주주인 갑은 개인 단계에서 26.72의 소득세를 내게 된다.[33]</td><td>갑은 40의 소득세납부의무를 진다(비영업대금의 이익소득세 포함).[34]</td></tr>
<tr><td>을</td><td colspan="2">상황1과 일치한다.</td></tr>
<tr><td>전체적 세금부담</td><td>26.72+20=46.72</td><td>40+0=40</td></tr>
<tr><td rowspan="3">한국
ㅣ
분리
과세</td><td>갑</td><td>분리과세[35] 대상인 주주 갑은 11.2 (=80×14%)[36] 의 원천징수세를 세금으로 부담한다.</td><td>갑은 비영업대금의 이익에 대하여 25 (=100×25%)의 세금납부 의무를 진다.</td></tr>
<tr><td>을</td><td colspan="2">상황1과 일치한다.</td></tr>
<tr><td>전체적 세금부담</td><td>11.2+20=31.2</td><td>25+0=25</td></tr>
</table>

---

31. 중국 개인소득세법 제3조 제5호에 따라 개인은 거민이든 비거민이든 배당소득과 이자소득에 대하여 20%의 세율을 적용한다.
중국 기업소득세법은 거민기업이 받는 배당금에 대하여 일정한 범위 안에 익금불산입을 하고 있으나 개인소득세법은 거민이 받아가는 배당금에 대하여 아무런 경제적 이중과세 배제 조치를 취하지 않았다. 또는 중국 개인소득세법상 종합소득과세 세제를 적용하지 않는다.

32. 소득세법 제55조 제1항.

33. 논의의 편의를 위하여 주주인 갑은 이미 다른 곳에서 받은 금융소득이 2,000만원이 넘는다고 가정한다. 소득세법 제56조 제4항. 계산에 대한 세부적인 설명은 후술하도록 한다.

34. 종합과세 대상 이자소득을 받는 사람은 대개 최고세율 구간에 있다고 보아야 할 것이므로, 결국 최고 40%의 세율을 적용받는다.

35. 거주자의 이자소득과 배당소득은 그 소득의 합계액이 2천만원 이하의 경우 종합소득과세표준에 합산되지 않아 분리과세된다. 소득세법 제14조 제5항 및 동법 제54조.

36. 원천징수 배당소득세율은 100분의 14이다. 소득세법 제129조 제1항 제2호.

한국 현행법상 배당소득에 대해서는 원천징수방식으로 분리과세되거나 또는 주주의 다른 소득과 함께 종합과세된다. 종합과세가 되는 배당소득의 경우에는 한국은 현재 배당세액공제imputation를 통하여 법인세 부담을 일부 제거하고 있다. 위의 상황4의 같은 경우 을 회사가 기업단계에서 20(=100×20%)의 법인세를 납부한 후 남은 80의 배당가능이익 전액을 개인주주인 갑에게 배당한다면, 종합과세되는 갑은 80을 배당받으면서 그에 대한 원천징수세 11.2(=80×14%)를 징수당한 뒤 68.8의 현금을 받게 되고, 종합소득에 포함시킬 금액은 88.8(=80+80×11%)이다.[37] 또 갑은 소득세법상 최고 40%의 세율을 적용하기 때문에 산출세액은 35.52(=88.8×40%)가 되고,[38] 여기에서 배당세액공제액 8.8(=80×11%)을 공제하면, 결정세액은 26.72가 된다. 결정세액에서 원천징수세액 11.2를 공제하면,[39] 15.52의 세액을 납부하게 된다.[40] 결국 종합과세되는 주주인 갑은 법인을 거쳐 버는 소득 100에 대하여 법인단계에서 20(=100×20%)의 세금을, 개인 단계에서 26.72(=11.2+15.52)의 세금을 내게 되어, 도합 46.72를 세금으로 내게 된다.[41]

한편 분리과세가 되는 배당소득에 대해서는 배당세액공제가 배제되고,[42] 따라서 을 회사가 지급액의 14%를 원천징수하여 납부하게 된다.[43] 분리과세 배당을 지급받는 자는 이 원천징수세액을

---

37. 한국 현행 소득세법은 배당소득에 가산하는 금액 및 배당세액공제의 금액을 11%로 정하고 있다. 소득세법 제17조 제3항 단서, 제56조 제1항.

38. 소득세법 제15조.

39. 소득세법 제76조 제3항.

40. 소득세법 제85조 제1항.

41. 원천징수세를 법인단계에서 내는 세금으로 생각하면 법인단계에서 31.2, 개인단계에서 15.52가 된다.

42. 소득세법 제56조 제4항.

43. 소득세법 제127조 제1항 제2호 및 제129조 제1항 제2호, 익명조합원이 받는 분배금은 25%.

종합소득에 대한 산출세액에서 공제할 수 없으므로 분리과세 배당소득에는 법인세 부담에 더해서 14%의 세금이 지워지게 된다.

한국 소득세법상 금융업자가 아닌 거주자의 금전대여로 인한 이익은 이자소득으로 과세되고 있고 이런 비영업대금의 이익에 대해서는 25%의 원천징수세율을 적용한다.[44] 비영업대금의 이익은 당연종합과세대상으로서 이자소득이 2천만 원 미만이어도 금융소득으로 다음연도 5월에 종합소득세 합산신고를 하여야 한다. 이자소득이 종합소득에 합산되는 경우, 이자를 받을 때 원천징수 당한 세액은 기납부세액으로 산출세액으로부터 공제를 받는다.[45]

한국과 달리 중국의 세제는 전통적 세제classical system에 더 가깝다고 볼 수 있다. 즉 법인원천소득corporated-sourced income에 대하여 법인단계에서 법인세를 부과한 뒤, 그 소득이 분배되어 주주 등 출자자에게 귀속되는 단계에서 다시 한 번 개인소득세를 과세하게 된다. 다만 중국은 주식보유기간에 따라 개인주주가 상장회사로부터 받는 주식배당금에 대하여 차별화된 과세정책을 시행하고 있다.[46] 즉 주식보유기간이 1년을 초과하는 경우 주식배당금에 대한 개인소득세를 면제하고 1개월 이상 1년 이하의 경우 주식배당금의 50%만 과세표준으로 개인소득세액을 계산한다.[47] 물론 주식보유기간이 1달 이하의 경우 조세감면특례 없이 주식배당금의 전액에 20%의 소득세율을 적용하여 과세한다. 그러나 중국 전체 기업 가

44· 소득세법 제129조 제1항 제1호 나목. 비영업대금의 이자소득에 대한 원천징수세율은 100분의 25이다.

45· 소득세법기본통칙 16-26…2.

46· 중국 재정부, 국세국, 증권감독관리위원회에서 공포한 "상장회사 주식배당금의 개인소득세 차별화 정책 관련문제"에 관한 통지(上市公司股息紅利差別化個人所得稅政策, 재세[2015]101호).

47· 20%의 개인소득세율을 적용하면 실효세율은 10%이다.

운데 상장회사가 차지하는 비율은 0.0004%에 불과한 실정을 감안하면[48] 위와 같은 이중과세 배제 조치를 통하여 법인세 부담을 제거하는 기능이 아주 제한적이므로 중국의 현행법에서는 개인주주의 배당소득에 대해서는 이중과세의 배제 조치가 거의 없다고 평가될 수 있다. 이리하여 개인주주가 거민이든 비거민이든 납세의무자로서는 언제나 출자형식보다 대여형식을 통하여 법인 단계의 세금을 줄일 유인을 받는다.

중국이 개인주주에 대하여 위와 같은 차별화된 배당소득 과세정책을 실시하는 이유는 장기적인 투자를 장려하며 단기적인 투자로 인한 주식시장의 불안한 등락을 억제함으로써 건전한 투자환경을 보장하는 것으로 밝히고 있다.[49] 그러나 개인주주의 배당소득에 대한 세금을 면제하는 경우에도 기업소득세율이 개인소득세율보다 높기 때문에 배당소득의 세금부담은 언제나 이자소득보다 높다.[50] 따라서 〈표 4〉에서 나온 결과대로 중국 현행 세법에 따를 때 개인주주가 거민이더라도 과소자본을 이용한 조세회피의 가능성이 있다. 이러한 조세정책이 투자자의 의사결정을 왜곡시키거나 또는 조세중립성 원칙에 어긋나는 문제는 본문의 연구범위 밖이지만, 적어도 중국 과세당국에서 개인주주에게 귀속된 배당에 대한 경제적 이중과세를 해소해 주지 않는 세법구조를 가지면서 과소자본세제를 도입하여 과다한 차입금 및 지급이자에 대하여 제한을

48· 2016년 현재까지 중국의 상장회사는 3,002개에 불과한 반면 등록된 기업총수는 8,000만을 넘었다. 통계자료의 출처는 다음과 같다. 방문날짜: 2017.7.3.
http://www.gov.cn/xinwen/2016-12/10/content_5146025.htm;
http://finance.ifeng.com/a/20160722/14629256_0.shtml

49· 張合, 『經濟政變: 中國股災是權貴的合謀』, 301~302쪽.

50· 원칙적으로 개인소득세율은 20%이고 기업소득세율은 25%이다.

가하는 것은 개인주주에게 가혹한 조세부담을 주었다는 비판을 많이 초래하였다.[51]

〈표 4〉는 개인주주가 거주자인 경우에 대한 계산 및 분석이다. 실례를 찾기는 어렵겠지만 만약 개인주주가 비거주자인 경우이면 중국이나 한국에서 설립된 내국법인에 직접 투자할 때 출자 형식과 대여 형식을 선택함으로 인하여 투자자의 최종적 조세부담에 대하여 또 어떤 영향이 있는지를 아래와 같이 살펴보자.

[상황5] 갑은 비거민(비거주자)인 개인주주이다.

〈표 5〉

		방안1(출자)	방안2(차입금)	결론
중국	갑	상황4와 일치한다.		주주 갑은 세금을 줄이려면 방안2를 선택하여야 한다.
	을			
	전체적 세금부담	15+25=40	20+0=20	
한국	갑	갑은 배당소득에 대하여 16(=80×20%)의 원천소득세 납부의무를 진다. 이것은 한국 소득세법에 따른 배당세액공제는 거주자에게만 적용되기 때문이다.[52]	갑은 이자소득에 대해 20(=100×20%)의 원천소득세 납부의무를 진다.	주주 갑은 세금을 줄이려면 방안2를 선택하여야 한다.
	을	상황1과 일치한다.		
	전체적 세금부담	16+20=26	20+0=20	

51· 李蕤, 「我国资本弱化特别纳税调整的实证分析」, 35~37쪽, 또는 方威威, 「我国反资本弱化避税问题的探究」, 24~29쪽.

52· 한국 소득세법은 비거주자가 받아가는 국내원천 배당소득에 20%의 원천징수세를 물리고 있다. 소득세법 제156조 제1항, 제120조.

한국 소득세법에 따른 배당세액공제는 비거주자 개인에게 적용되지 않는다.[53] 따라서 〈표 2〉의 결과처럼 비거주자인 개인주주는 납세의무자로서 언제나 출자형식보다 채권채무라는 형식을 통하여 세금을 줄일 유인을 받는다. 그러나 비록 한국 현행법상 배당세액공제를 통하여 거주자인 개인주주의 이중과세 문제를 해소하였으나 금융소득 분리과세와 얽히고 있기 때문에 법인세 부담의 일부만을 공제해 주고 있다.[54] 이리하여 상황1, 2에서 알 수 있듯이 경제적 이중과세 문제가 존재하는 경우에는 출자형식보다 출자기업에 대출하는 방식이 유리하다고 결론이 그대로 유지된다.

실례 중 비거주자 개인이 외국에 직접 투자하는 경우를 찾기는 매우 어렵다. 이른바 외국인직접투자Foreign Direct Investment란 외국인이 경영참가와 기술제휴 등을 통하여 국내 기업과 지속적인 경제관계를 수립할 목적으로 투자하는 것을 뜻한다. 다시 말하면 경영에 실질적으로 영향력을 행사하기 위한 외국인의 투자를 가리킨다. 반면 외국인이 단기적인 이익을 목적으로 국내 기업에 자산을 빌려주거나 증권시장에서 국내 기업의 주식이나 채권을 사는 것은 외국인간접투자라고 한다.[55] 일반적으로 사람들은 직접 투자에 나서는 것보다 시장에 대한 정보와 자금의 제약으로 투자전문가에게 돈을 맡기는 등 비교적 안정적인 간접투자 방법을 더 선호한다. 이리하여 비거주자 개인은 과소자본문제와의 관련이 그리 크지 않은 것으로 판단된다.

53· 소득세법 제56조.

54· 이에 관한 상세한 설명은 이창희, 『세법강의(제13판)』, 제4절 I 참조.

55· 정종인 · 박장호, 「외국인직접투자의 현황 및 과제」, 21쪽.

2. 한중 과소자본세제 적용범위의 차이점

위의 5가지 상황에서 알 수 있듯이 한중 양국의 세제 하에 주주가 출자회사에 대하여 자금을 조달할 때 차입금에 주로 의존한다면 투자당사자의 관점에서 항상 유리한 것은 아니다. 일반적으로는 국제간 투자활동에 있어서는 중국에서든지 한국에서든지 경제적 이중과세 문제 탓에 조세회피의 목적으로 차입, 즉 과소자본의 구조를 이용할 유인이 있다. 또는 중국 개인주주와 거민기업간의 투자활동도 같은 문제로, '불입자본', 곧 출자의 형태보다 대출의 형태를 취하는 것이 유리함을 알 수 있다.

그러나 여기에서 한 가지 의문이 생길 수 있다. 중국의 과소자본세제의 적용범위는 이자를 받아가는 자의 내외를 불문하고 비거주자 외에 거주자에 대해서도 적용하는 반면 한국은 유달리 비거주자에 국한되어 있다. 한국 현행세제 하에 배당소득에 대한 경제적 이중과세가 일부 해소되는 방식을 취하고 있고 특히 법인 간 배당의 경우 그러한 경향이 분명히 나타남에도, 결손금이나 이월결손금의 존재라든지 그 밖의 이유로 모회사가 이자소득에 대하여 비과세되거나 모회사에 대한 법인세율이 자회사보다 낮은 경우에는 과소자본을 이용한 조세회피의 가능성이 상존하는 것이다. 그렇다면 한국의 과소자본제제가 비거주자만 적용대상으로 삼는 것은 입법 불비가 아닌가?

바로 결론 짓기는 아직 이르다. 한국의 법인세법 제28조를 보면, 내국법인에게 적용하는 '지급이자의 손금불산입' 규정을 두고 있다. 따라서 내국법인간 과다차입금의 지급이자는 제28조의 규율범위에 속한다고 입증한다면 손금불산입 처분은 가능하다는 뜻으로 읽을 여지가 있을 것이다.

법인세법 제28조(지급이자의 손금불산입) ① 다음 각 호의 차입금의 이자는 내국법인의 각 사업연도의 소득금액을 계산할 때 손금에 산입하지 아니한다.

1. 채권자가 불분명한 사채의 이자

2. 소득세법 제16조 제1항 제1호 · 제2호 · 제5호 및 제8호에 따른 채권 · 증권의 이자 · 할인액 또는 차익 중 그 지급받은 자가 불분명한 채권 · 증권의 이자 · 할인액 또는 차익으로서 대통령령으로 정하는 것

3. 대통령령으로 정하는 건설자금에 충당한 차입금의 이자

4. 다음 각 목의 어느 해당하는 자산을 취득하거나 보유하고 있는 내국법인이 각 사업연도에 지급한 차입금의 이자 중 대통령령으로 정하는 바에 따라 계산한 금액(차입금 중 해당 자산가액에 상당하는 금액의 이자를 한도로 한다)

가. 제27조 제1호에 해당하는 자산

나. 제52조 제1항에 따른 특수관계인에게 해당법인의 업무와 관련 없이 지급한 가지급금 등으로서 대통령령으로 정하는 것 (이하 생략)

위 조문 제1항 제1호에서 채권자불분명이자 전액을 손금으로 인정하지 않는다고 규정하였는데 이는 사채이자가 채권자의 신분이 노출되고 이자소득이 종합과세되는 것을 회피하기 위한 수단으로 변칙적용하는 것을 방지하기 위한 취지에서 도입된 것이라고 볼 수 있다.[56]

같은 조 제1항 제2호는 소득귀속자 불분명 채권 · 증권이자에 대한 손금불산입 규정인데 제1호와 대체로 같은 내용이다. 다만 금전소비대차가 아니라 다른 형식으로 채권증권의 이자 · 할인료 또는 환매조건부매매차익 따위인 경우를 말하는 것이다.[57]

제3호의 규정에 따른 건설자금이자의 손금불산입에 대해서는 본문 제3장 제5절 '지급이자'에서 상술하도록 하겠지만, 결론부터 말하자면 이는 건설원가에 가산하여 감가상각으로 비용 추인하기 때문에 영구적인 손금부인이 아니다.[58]

마지막으로, 법 제28조 제1항 제4호는 법인이 차입금에 의존하여 업무무관 자산이나 가지급금 등의 비생산적인 자산보유를 억제할 목적으로 이러한 자산의 취득이나 보유에 직접 및 간접으로 관련되었다고 계산되는 차입금의 지급이자는 손금에 산입하지 않음을 규정하는 것이다.

여기까지 살펴보았듯이, 한국 현행 법인세법상의 지급이자 손금불산입 규정에 관한 입법취지가 특수관계인 간 차입거래로 인한 부富의 부당이전을 방지하는 데에 있지만, 기업 운영자금의 대부분을 타인자본에 의존하는 기형적인 재무구조를 개선하여 건전한 자본시장을 유도하기 위해서라고 해석하기는 어렵다. 비록 해당 조항 제1항 제4호를 법적 근거로 하여 "차입금 과다법인의 관계회사

56· 일반론으로서 소득세법 제129조 제1항 제1호 나목을 보면, 비영업대금의 이익에 관한 원천징수세율이 25%이다. 그런데 사채업자는 대개 부자라고 보면 종합소득세율의 최고세율로 세금을 내어야 할 것이다. 그러나 국가로서는 이 사채업자의 정체를 알 수가 없고 세금을 매길 길이 없다면, 사채업자가 내는 세금은 원천징수세로 끝나게 된다. 바로 이 때문에 채권자 개인에게서는 세금을 못 받는 대신에 법인에 대하여 손금불산입하겠다는 것이다. 대법원 1989.10.28. 선고 89누3410 판결 참조.

57· 이자, 할인료 또는 환매조건부매매차익 따위는 본질적으로 같은 것이기 때문이다. 이에 관한 상세한 내용은 본문 제3장 제5절 '지급이자' 부분에서 후술하도록 한다.

58· 법인세법시행령 제72조 제3항; 소득세법 제33조 제1항 제10호.

대여금 관련 지급이자 손금불산입하는 것은 정당한 것이다."라고 판시한 판결도 있지만[59] '업무무관'의 문언의 해석과 합리적인 이유 없이 기업경영의 특정한 방식을 제한하지 않도록 당사자의 자금조달 방식을 존중하여야 한다는 입장에 서있는 판결도 나와 있기 때문이다.[60] 이에 관한 세부적인 내용은 본문 제4장 제1절에서 상술하도록 하겠다.

다른 한편으로 한국에서 부채비율에 관한 규율에 대해서는 세법 외에 「독점규제 및 공정거래에 관한 법률」(이하 "공정거래법"라고 함), 「금융지주회사법」 등 규제도 있다. 즉 지주회사(비은행지주회사)가 '자본총액의 2배를 초과하는 부채액을 보유하는 행위'를 금하고 있고,[61] 이를 어긋나는 경우 위반한 자에 대하여 과징금부과나 벌금에 처할 수 있다.[62] 이리하여 현재 한국의 내국법인이 세금을 줄일 수 있더라도 마냥 부채를 증가시킬 수 있지 않은 것으로 판단된다.

결론적으로 한국의 과소자본제제가 외국인투자기업만을 적용대상으로 삼는 것은 한국의 조세체계가 국제조세에만 적용되는 별도의 규율체계를 마련하여 놓고 있기 때문이다. 즉 한국은 이자를 지급받는 자를 내외로 구분하여 각각 법인세법의 지급이자 손금불산입제도 등 국내법 규제와 「국제조세조정에 관한 법률」(이하 '국조법'라고 함)상의 과소자본세제라는 다른 규정을 적용하고 있는 것이다. 반면, 중국은 외국법인을 내국법인에서 따로 떼어 내지 않고 통일한

59· 조심2010서2170 판결. 대법원 2000.8.22. 선고 99두 4006 판결; 2004.3.26. 선고 2001두10790 판결; 2006.2.10. 선고 2005두12527 판결도 같은 뜻.

60· 대법원 2003.3.11. 선고 2002두4068 판결; 2004.2.13. 선고 2002두 11479 판결; 2007.9.20. 선고 2005두9451 판결; 2006.5.12. 선고 2003두7651; 2006.12.26. 선고 2005두1558 판결; 2009.6.11. 선고 2006두5175 팔결 등.

61· 공정거래법 제8조의2 제2항, 금융지주회사법 제35조.

62· 공정거래법 제17조 제4항, 금융지주회사법 제70조 제3항 제2호.

기업소득세법에 의하여 규제하고 있으며 국조법과 같은 별도의 규범체계는 두고 있지 않다. 결국 중국의 과소자본세제는 국제간 자본이동 외에 내국인간의 투자활동까지 적용되므로 그 적용범위가 아주 넓은 것으로 평가된다.

나라	법적 근거	세제	주관적 적용범위
한국 (이원적 체계)	법인세법 제28조 등	지급이자 손금불산입 등	(국내)특수관계인
	국조법 제3장	과소자본세제	국외지배주주
중국 (일원적 체계)	기업소득세법 제46조	과소자본세제	특수관계인

제2절
과소자본세제의 접근방법

과소자본이란 말 그대로 기업의 경영에 필요한 적정한 자본금에 미달하는 자본을 유지하는 것을 말하는데, 실제적으로 자본의 과소 여부를 판정하는 객관적 기준을 마련한다는 것은 매우 어려운 일이다. 특히 사업영역의 특성과 소요되는 자본의 구조 등에 대한 고려 없이 획일적인 기준으로 평가하는 것은 부적정한 과세, 또 자본 구조에 관한 기업 선택의 왜곡을 초래할 수 있다.

각국의 과소자본세제에 따라 과소자본을 판단하는 방법을 개념적으로 단순화시키면 다음과 같이 크게 세 가지로 나누어 볼 수 있다.[63]

63· OECD CFA 보고서, "Thin Capitalization"(1987), p.25.

Ⅰ. 통상적인 접근방법

1. 독립기업원칙형arm's length approach

독립기업원칙형 접근방법이란 특수관계인간의 비정상적인 차입금거래가 있는 경우 차입금과 지급이자를 각각 숨겨진 자본과 이익배당의 위장으로 인식하는 것이다.[64] 따라서 이익배당의 위장으로 인식되는 지급이자는 배당으로 취급된다.[65] 비정상적인 차입금거래인지 여부에 관한 판단의 객관성을 담보하는 기준으로 특수관계가 없는 제3자들이 통상적으로 유지하는 자본수준을 들 수 있다. 다시 말하면 허용가능한 차입금의 최대금액은 독립적인 제3자가 그 회사에 빌려주고자 하는 차입금의 금액, 즉 채무자가 독립적인 채권자로부터 차입할 수 있는 차입금의 금액을 의미한다. 이 방식은 통상적으로 '차입능력'을 결정하는 데 있어서 그 회사의 구체적 특성을 고려한다.[66]

이러한 방법 하에서는 투자의 본질적인 성격이 자본인지 아니면 부채인지를 결정함에 있어 투자의사 결정에 관련된 여러 사안과 여건을 고려하며, 이는 기본적으로 실질과세원칙의 적용으로서 세금 부담을 줄이기 위하여 비정상적인 거래를 하였을 경우 이를 부인하고 정상적인 거래로 재구성하는 원칙을 적용하는 것이다. 그러나 이러한 방법은, 개별기업 및 비교대상기업의 관행에 관한

---

64. 이와 같은 방식을 채택하는 대표적인 국가로는 영국을 들 수 있다.
65. OECD 모델조세조약 제9조 및 주석9-3.
66. 김석환, 「과소자본세제와 조세조약—배당간주된 초과이자의 조세조약상 소득구분을 중심으로」, 346쪽.

명확한 자료를 구할 수 없다는 어려움도 있어 사실상 적용하기 어려운 점이 있다. 또한 일반적인 상황을 고려하는 경우라도 다양한 영업활동에 요구되는 자본구조의 다양성을 모두 반영하기 어려워 여전히 과세결과의 왜곡을 초래할 위험은 존재한다.[67]

2. 고정비율형fixed rate approach

이 방법은 특수관계인 사이의 부채가 자본의 일정비율을 초과하는 경우 그 초과하는 부분에 대응하는 이자는 손금불산입으로 취급하는 것이다. 고정비율형 접근방법을 적용할 때 가장 결정적인 기준은 부채 대 자본비율이고, 일정한 부채 대 자본비율을 초과하면 과소자본세제가 자동적으로 적용된다.[68]

이는 앞에 독립기업원칙형의 어려운 점을 극복하기 위한 방편으로 편리성이 있으나 법정 비율을 초과하기만 하면 독립기업원칙에 위배되지 않더라도 모두 기준초과 이자를 손금부인함으로써 과세결과가 왜곡될 수 있다는 단점이 있다. 또한 일반적인 상황을 고려하는 경우라도 다양한 영업활동에 요구되는 자본구조의 다양성을 모두 반영하지 못하여 여전히 과세결과의 왜곡을 초래할 위험은 존재한다.[69]

67· 손윤환, 『국제조세조정에 관한 법률 해설과 실무』, 446쪽.

68· 이경근 · 서덕원 · 김범준, 『국제조세의 이해와 실무—국제조세조정에 관한 법률 내영을 중심으로』, 317쪽.

69· 손윤환, 앞의 책, 447쪽.

3. '안전항安全港'형safe haven approach

안전항형 접근방법은 앞서 본 독립기업원칙과 고정비율의 절충방법이다. 이 방법은 납세자로 하여금 자신의 부채 대 자본비율이 독립기업원칙에 부합함을 입증하도록 하거나, 아니면 법령에 정해진 부채 대 자본비율을 과소자본세제의 적용기준으로 수용하도록 선택할 수 있는 기회를 제공한다는 특징을 지니고 있다. 따라서 법령에 정해진 부채 대 자본 비율을 준수한다면 독립기업 원칙에 따른 입증은 굳이 할 필요가 없고, 납세자는 이를테면 '안전항'에 기항하는 셈이 된다. 그리고 그렇지 않은 경우라 하더라도 만일 납세자가 자신의 부채 대 자본비율이 독립기업원칙에 따른 비율과 부합함을 입증한다면 납세자는 역시 과소자본세제의 적용을 면할 수 있게 된다.[70]

II. 한중 과소자본세제의 접근방법에 대한 검토

한국과 중국은 과소자본을 판정함에 있어 안전항형 접근방법을 채택하였다. 한중 양국의 현행법에서는 손금불산입 기준이 되는 배수로서 국외지배주주(특수관계인)에 대한 부채 대 자본비율은 2:1이 원칙이지만 금융업에 대하여 한국은 6:1이고 중국은 5:1이라고 규정하고 있다. 다만, 이때 적용하는 부채 대 자본비율은 예외 없이 항상 적용하는 고정된 비율이 아니라 납세자가 독립기업간 거래원

70· 이경근 · 서덕원 · 김범준, 앞의 책, 317쪽.

칙에 따라 이보다 높은 비율의 타당성을 입증하는 경우에는 적용 배제되는 비율이다. 다시 말하면 한중 양국의 과소자본세제에서 정한 2:1(또는 6:1/5:1) 비율은 납세자의 납세협력비용 또는 징수행정비용의 감소를 위하여 제도적으로 설정한 일단의 기준에 불과하다. 이는 설령 납세자가 국외지배주주(특수관계인)에게 이자 형태로 이익배당을 지급하더라도 부채 대 자본비율이 법에 정한기준에 이를 때까지는 문제를 삼지 않음을 의미한다.[71]

법적 부채 대 자기자본의 비율의 높낮이에 따라 한 나라가 과소자본 문제에 대하여 가하는 규제정도의 차이를 알 수 있다. 비율이 낮을수록 단속이 엄격한 반면 높을수록 단속이 엄하지 않음을 뜻한다. 예를 들면 한국은 2014년 말 국조법을 개정하여 국외지배주주 차입금의 한도를 출자금의 3배에서 2배로 축소한 바 있는데, 개정취지는 "국내진출한 다국적기업의 과도한 이자비용공제를 방지"하기 위함이라고 설명하고 있다.[72] 즉 종전보다 과소자본 문제에 대한 규제의 정도가 더 강하여진 것이다.

엄격한 과소자본세제 적용기준은 비록 지급이자의 소득공제를 억제하여 국가측면에서 세원확보를 할 수 있다는 장점이 있지만, 국제적인 자본의 자유이동을 억제하는 부작용도 초래할 수 있다. 중국은 아직 외국인투자를 많이 필요로 하는 경제발전 단계에서

71· 이경근 · 서덕원 · 김범준, 앞의 책, 331쪽.

72· 한국 국세청, 2015년 개정세법해설(국제조세편), 12면. 현재 국제조세동향은 기준 부채비율을 하향조정으로 과소자본세제 적용을 강화하는 추세이다. 예를 들면 호주는 2014년 7월 1일부터 일반기업의 기준 부채비율을 3:1에서 1.5:1로, 수신기능이 없는 금융기관(non-bank financial entities)의 기준 부채비율을 20:1에서 15:1로 변경하였다. Tax and Superannuation Laws Amendment (2014 Measures No. 4) Bill 2014 : A Bill for an Act to amend the law relating to taxation, superannuation and excise, and for other purposes, The Parliament of the Commonwealth of Australia - House of Representatives & Explanatory Memorandum(circulated by the authority of the Treasurer, the Hon J. B. Hockey MP).

벗어나지 못하고 있다고 평가할 수 있어, 과소자본세제의 적용기준을 너무 낮게 정하는 경우 적극적인 투자유치를 하는데 불리하다. 이리하여 중국 조세분야에서 중국 과소자본세제에 대하여 OECD모델조세조약을 비롯하여 국제관행에 따라 부채비율의 제한한도를 3배로 상향 조정하여야 한다는 입장을 가지는 학자들이 많이 있다.[73]

제3절
한중 과소자본세제 개관

투자자금의 자기자본화를 유도하며 투자형식의 인위적인 조정에 따른 조세부담의 차이를 해소하자는 생각에서 오늘날 세계 각국의 과세당국은 대부분 과소자본세제를 마련하였다. 그 내용의 뼈대는 차입금에 일정한도를 두고 한도초과 차입금에 대한 지급이자는 손금불산입한다는 것이다.[74]

중국은 2008년 신 기업소득세법의 제정 당시에 이르러서야 과소자본세제를 처음으로 조세회피를 방지하기 위한 수단으로 중국세법체계에 도입하였다. 기업소득세법 제6장 '특별납세조정特别納稅調整' 제46조에서는 기업이 특수관계인으로부터 수취한 채권성투자와 권익성투자[75]의 비율이 세법에 규정한 기준을 초과하는 경우

---

73 예를 들면 周芬芳, 「资本弱化税制法律问题研究」, 33쪽, 또는 杨荣军, 「资本弱化税制研究」, 29쪽.

74 이창희, 「과소자본세제의 현황과 전망」, 64~65쪽.

75 채권성투자 및 권익성투자에 대한 상세한 설명은 본문 제3장에서 후술하도록 한다.

그 초과분에 대한 이자지출금액은 과세대상소득금액 계산 시 공제할 수 없다고 규정하고 있다.

한국의 경우 1995년 국조법의 제정 시부터 이미 과소자본세제를 도입하였고 중국보다 법적 규정이 완비되어 있을 뿐만 아니라 참고할만한 학설이나 판례도 많이 형성되어 있다. 국조법 제3장, 곧 '국외지배주주에게 지급하는 이자에 대한 과세조정'에 의하면 "내국법인(외국법인의 국내사업장을 포함한다)의 차입금 중 국외지배주주로부터 차입한 금액과 국외지배주주의 지급보증(담보의 제공 등 실질적으로 지급을 보증하는 경우를 포함한다)에 의하여 제3자로부터 차입한 금액이 그 국외지배주주가 출자한 출자금의 2배를 초과하는 경우에는 그 초과분에 대한 지급이자 및 할인료는 그 내국법인의 손금에 산입하지 아니하며 대통령령으로 정하는 바에 따라 배당 또는 기타사외유출로 처분된 것으로 본다."[76]

I. 중국 과소자본세제에 관한 법적 규정

1. 도입배경

2008년 전에 중국의 기업과세체계는 대외對外세제와 대내對內세제라는 이원화된 과세구조로 이루어져 있었다. 즉 내자기업에 대해서는 1993년 '국무원國務院'에서 공포한 「기업소득세잠정조례企業所得稅暫定條例」를 적용하는 반면 외자기업에 대해서는 1991년 '전국인민대

76· 국조법 제14조 제1항.

표대회全國人民代表大會'에서 공포한 「외국인투자기업과 외국기업 소득세법外商投資企業和外國企業所得稅法」을 적용하였다.

중국은 1979년 이래 개혁 · 개방 정책을 실시해오면서 수십 년의 경제개발 단계 동안 외국인투자유치의 확대를 목적으로 중국에 진출한 외자기업에 대하여 다양한 조세특혜를[77] 부여하였다. 이런 외국인투자 촉진세제는 첨단기술 도입, 일자리 창출 등으로 중국 경제발전에 큰 도움이 되었다고 평가할 수 있다.[78] 그러나 이런 차별적으로 적용되는 법인세제도는 외국기업으로 하여금 중국에서 오랫동안 세수의 초超국민대우super-national treatment를 누리게 함으로써[79] 조세부담의 공평훼손은 세제 전체를 흔들게 되었다.[80]

외국인투자에 부정적인 영향을 미칠 것이라는 소극론에도 불구하고, 내 · 외자기업 간에 차별 대우를 해소함으로써 공평과세와 조세정의의 실현 또는 국민경제의 균형발전을 이룰 수 있도록 중국은 2007년 3월 16일에 제10회 전국인민대표대회에서 「기업소득세법企業所得稅法」을 제정하여 제2063호 주석령主席令[81]으로 공포하였다.[82] 따라서 중국의 이원적인 기업과세체제는 2008년에 새로운 기업소득세법을 시행함에 따라 깨졌고 전에 외국기업에 한하여 적

77· 예를 들어 외국인투자기업이 특정 분야에 종사하여 취득한 수입에 대하여 첫 3년간의 수입은 면제하고 그다음 3년간은 50% 감면하는 소위 '兩免三減半' 정책.

78· 중국 國家統計局에서 발표한 「2007년 中國統計年鑑」에 의하면 2006년 말까지 중국의 외국인직접투자 누계액(사용기준)이 6,191억 달러에 달해 세계 3위의 외자유치국으로 부상하였다.

79· 예를 들면, 새로운 기업소득세법의 제정으로 내자기업과 외자기업에 대해 모두 동일하게 25%의 단일세율을 적용하고 있으나, 그 전에 내자기업은 24%의 평균세율을 적용하도록 하였고 외자기업은 14%의 평균세율을 적용하였다. 「2005년 中國統計年鑑」, 362쪽.

80· 李国建, 『税收制度改革与发展研究』, 122쪽, 또는 范昕林 · 易娜 · 周冬丽, 「实行统一的法人所得税的必要性, 加行性和紧迫性」도 같은 입장을 취한다.

81· 한국의 대통령령에 해당한다.

82· 刘剑文主编, 『财税法学前沿问题研究5 : 法制财税与国家治理现代化』, 24쪽.

용되던 조세우대 조치를 내자기업으로 확대함과 동시에 통합조세체계의 구축으로 내·외국법인에 대한 세법 적용은 동등해졌다.

그러나 외자기업에 대한 각종 우대성책이 축소됨에 따라 중국 진출 외자기업의 실제적 조세부담이 그만큼 늘어나게 되었고 적지 않은 충격을 가져왔다. 이런 경제적 손실을 경감할 목적으로 외자기업들이 조세회피행위를 하기 시작하였다. 외국법인의 조세회피행위는 중국에 엄청난 조세수입일실의 문제를 초래한바, 중국 국세청에서 공포한 통계자료에 의하면 2008년 신기업소득세법의 시행부터 2014년까지 외국기업이 각종 수단을 통하여 외국으로 이전한 누적소득금액은 매년 평균 500억 위안(약 8.3조원)을 초과하였다.[83]

여러 가지 조세회피행위 중 과소자본 행위는 기타의 조세회피수단에 비하여 일반적으로 기업의 영업비밀과 더 깊은 관련이 있어 국세청(국)이 정보를 획득하기 쉽지 않은 탓에[84] 이를 이용하는 다국적기업들이 점점 늘어나게 되었다. 이미 제1장 제1절에서 말했듯이 2011년 이후 조세회피방지의 관리에 관한 중국 당국의 관심은 이전가격세제에서[85] 과소자본세제로 옮겨가 이를 적용한 과세처분 사례[86]도 등장하였다. 그리고 이는 내국법인의 경우도

83· http://www.chinatax.gov.cn/n810219/n810724/c1507274/content.html 방문날짜 : 2017.4.12.

84· 대부분 나라의 과소자본세제는 국외지배주주나 특수관계인만을 단속한다. 즉 투자자가 피투자기업과 특수관계가 없는 이상 과소자본세제를 적용할 여지가 없다. 비록 국외지배주주나 특수관계인의 지급보증 등에 의하여 제3자로부터 차입한 금액도 해당 국외지배주주나 특수관계인의 차입금으로 간주한다는 규정이 있지만 금융기업의 개입으로 특수관계기업간의 차입거래가 복잡해지기 때문에 세무조사 과정 중에 발견하기가 쉽지 않다.

85· 刘剑文,『国际所得税法研究(第一版)』, 145쪽.

86· 2011년 11월 25일 중국 산서성(山西省) 국세국이 일본에 본부를 둔 다국적기업의 중국내 자회사의 과다보유한 차입금에 대한 지급이자를 손금불산입함으로써 1,100여만 위안(약 18여억 원)의 기업소득세를 추징하였다.
http://blog.sina.cn/dpool/blog/s/blog_9aa89db10100xb3x.html 방문날짜 : 2017.4.12.

마찬가지이다.[87]

오늘날 세계 각국의 과세당국은 세원잠식base erosion을 막기 위하여 대부분 과소자본세제를 마련하였다. 그럼에도 불구하고 중국은 2008년 신 기업소득세법의 제정 당시에 이르러서야 과소자본세제를 처음 도입하였고, 아직도 미비한 점이 많다는 문제가 있다.

중국은 새로운 기업소득세법을 제정하기 전에 본격적인 과소자본세제가 없었지만 유사한 법률효과를 지닌 규정이 있었다. 즉 중국 국세국에서 공포한 「기업소득세의 세전공제 방법企業所得稅稅前扣除方法」[88](이하 '방법'이라고 함)에 대한 통지通知[89] 제36조에서 "기업이 특수관계인으로부터 수취한 차입금액이 해당 기업의 등록자본금의 50%를 초과하는 경우, 초과분 상당액에 대한 지급이자는 소득공제를 받지 못한다."라고 규정하였다. 그러나 다른 대부분 나라의 과소자본세제가 국외지배주주 등 해외특수관계인을 주관적 적용범위로 삼는 것과 달리 중국에서 「방법」에 따른 한도초과 차입금에 대한 지급이자 손금불산입 규정은 단지 내자기업에 한하여 적용되었다는 제한이 있었다.

외자기업의 같은 경우는 「방법」의 적용을 받지 않으므로 해당 기업이 지배주주 등 특수관계인에게 지급하는 차입금이자를 손금산입할 수 있는지에 대해서는 중국 「외상투자기업과 외국기업 소

---

87. 예를 들어 2014년 중국 감숙성(甘肅省) 란주시(蘭州市) 국세국은 어떤 내자기업이 특수관계인에게 지급하는 기준초과 이자를 손금부인하면서 114.7만 위안(약 2억5천만 원)의 기업소득세를 추징하였다.
http://www.chinatax.gov.cn/n810219/n810739/c1134670/content.html 방문날짜 : 2017.4.12.

88. 2010년 중국 국세국의 제23호 명령에 따라 폐지되었다.

89. 통지란 특정인 또는 불특정다수인에게 특정 사실을 알리는 행위이다. 여기서 말하는 통지는 그 자체가 독립한 행정행위인 것으로 특정한 법규명령 또는 행정행위의 효력발생요건으로서의 공포, 교부 또는 송달과 구별되며 아무런 법적효과도 결부되지 않은 사실행위로서의 통지와 구별된다.

득세법 실시세칙外商投資企業和外國企業所得稅法實施細則」[90] 제55조를 원용할 수밖에 없었다. 제55조는 특수관계기업 간의 차입금 지급이자금액은 특수관계가 없는 기업 간의 정상적인 거래에서 적용되거나 적용될 것으로 판단되는 금액을 부당하게 초과하거나 미달하는 경우, 또는 이자율이 동업자의 정상적 이자율에 비하여 부당하게 높거나 낮은 경우, 관할 세무기관은 독립기업원칙에 따라 정상적 가격이나 이자율을 기준으로 조정할 수 있다고 규정하였다. 하지만 독립기업원칙을 나타내는 이 규정은 외국인기업의 과소자본 문제에 대해서는 실제 통제력이 없었다. 독립기업원칙은 그저 이자율의 적정성을 따지는 조항일 뿐이고 고정된 부채비율이 성문화되지 않는 이상 특수관계기업간의 차입금 이자율이 시장금리 등 정상적인 가격에 부합하는 경우 세무기관이 기업의 과다한 차입금과 지급이자에 대하여 손금불산입하는 조세조정을 할 법적근거가 미비되었기 때문이다.[91]

2. 중국의 과소자본세제 관련 세법체계

중국에서 과소자본세제에 관한 세법으로는 기업소득세법과 그 실시조례 등 전국인민대표대회에서 제정한 하위 법령이 있으며, 「특별납세조정실시방법」 및 「일반조세회피관리방법」 등 국무원에서 수권하여 제정한 '부문규장部門規章'도 과소자본세제 관련 세법체계에 포함된다. 이런 규정을 요약하면 다음과 같다.

---

90 · 2008년 1월 1일 중국 「기업소득세법실시조례」 시행됨에 따라 해당 법은 폐지되었다.
91 · 한상국, 「중국의 새로운 기업소득세법에 대한 법학적 고찰」, 235쪽.

구분	명칭	주요내용
법률	企業所得稅法	과소자본세제의 정의(제46조)
행정법규	企業所得稅法實施條例	채권성투자·권익성투자의 정의(제119조)
부문규장	特別納稅調整實施謗法(試行)	과소자본세제에 따른 손금불산입된 이자의 계산방법, 소득처분 등(제85조-91조)
규범성문건	財稅[2008]121號	세제적용기준
	國家稅務總局公告[2016]제42號	특수관계인의 범위, 실제지배 여부 판단기준, 독립기업원칙에 부합함을 입증할 수 있는 자료

구체적으로 상위법인 기업소득세법과 기업소득세법실시조례(이하 '실시조례'라고 함)에서는 주로 과소자본세제의 기본적 내용에 대하여 규정하고 있다.[92] 그러나 이들은 포괄적인 개념을 통하여 기재되어 있기 때문에 적용요건, 판단기준 등 구체적인 사항은 하위 법령을 통하여 상세하게 보완되어야 한다. 따라서 재정부財政部 또는 국세국 등 국무원의 조세관련 주관부서에서 제정한 하위법인 '기업관련방 이자지출 세전공제표준企業關聯方利子支出稅前控除標準(財稅[2008]121號, 이하 '121호문'라고 함)' 및 '특별납세조정실시방법(시행)特別納稅調整實施謗法(試行)(이하 '시행방법'이라고 함)'에서는 각각 과소자본에 해당하는지 여부를 판단하기 위한 부채 대 자본비율기준, 손금불산입 이자의 계산방법, 과소자본세제의 적용에 따른 세무조정 등을 규정하고 있다. 특히

92· 일반적으로 중국 세법의 법원(法源)은 법률적 지위대로 헌법-조세법률-조세행정법규-부문규장 및 지방성법규-기타 규범성문건으로 되어 있다. 그 중 조세법률은 중국의 최고 입법기관인 전국인민대표대회 및 그 상무위원회가 제정한 것으로 중국 세법의 주요한 법원이다. 조세행정법규는 국가최고행정기관인 국무원이 제정한 것으로서 현재 중국의 가장 중요한 세법의 법원을 구성하고 있다. 국무원 소속 각 부서는 조세부문규장과 규범성문서를 제정할 수 있는데 일반적으로 재정부, 국세국, 해관총서 등 제정한 것으로 되어 있다. 이론상으로는 전자의 효력은 후자보다 높다. 상세한 것은 환진형, 「중국 기업소득세법 제정에 따른 입법적 시사점 검토」 제2장 참조.

'과소자본세제資本弱化管理'라는 용어를 처음으로 사용한 시행방법은 과소자본세제를 적용하여 손금불산입된 지급이자의 구체적인 계산 방법을 제시할 뿐만 이니라 차입금과 이사의 범위, 자기 자본의 계산 또는 귀속시기 등 문제에 대해서도 규정을 두고 있다. 따라서 그전에 과소자본세제의 적용상 추상적이고 모호한 규정만 있었고 세무기관의 자의적인 법집행의 횡행으로 인한 재산권침해의 우려가 있다는 문제를 일정 정도 완화하게 되었다.

이밖에 과소자본세제 관련 규범성 문건으로는 주로 '국가세무총국공고國家稅務總局公告([2016]제42호)'로서 '특수관계기업신고 및 관련자료 관리의 보완에 대한 공고關于完善關聯申報和同期資料管理有關事項的公告(이하 '특수관계기업신고'라고 함)'가 있는데, 이는 특수관계인의 범위, 실제지배 여부의 판단 기준, 독립기업원칙에 부합함을 입증할 수 있는 자료 등 과소자본세제의 적용요건에 대한 세칙규정이다.

Ⅱ. 한국 과소자본세제에 관한 법적 규정

1. 도입 필요성

1995년 한국은 OECD 가입을 즈음하여 경제의 국제화가 빠른 속도로 진전됨에 따라 국제거래가 급격하게 증가하였고, 이와 관련된 국가간 과세조정문제가 주요 정책과제의 하나로서 대두되었다. 당시에 미국을 비롯한 OECD 선진국들은 이전가격세제 및 과소자본세제 등을 통하여 외국계기업에 대한 과세권을 강화하고 있었는데, 한국이 이들 제도들을 적기에 도입하지 않을 경우 국제거래에 대한 과세 시 상대국가와의 세제상의 충돌은 물론 일정한 경우에는 과세의 필요성이 있음에도 국내법적 근거가 미비하여 한국의 과세권을 포기하여야 하는 결과가 초래될 우려가 있었다. 또한 한국 기업들은 국내에서 이들 제도들을 접하지 못한 결과 해외에서의 대처능력이 부족하여 예상치 못한 과세를 당하는 사례가 종종 발견되었다. 한편, 국가 간의 조세분쟁 해결을 위한 상호합의 과정에서는 상호주의가 중시되므로 한국에 이와 같은 제도가 없을 경우 이러한 과정에서 협상력이 떨어지는 등의 문제도 발생할 소지가 있었다.

따라서 이와 같은 당시의 국제조세환경에 능동적으로 대처하기 위하여 한국 정부와 국회는 1995년 말 국조법을 제정하여 동 법률에 이전가격세제, 과소자본세제 등 다양한 국제조세제도를 도입 · 정비하게 되었다.

2. 한국의 과소자본세제 관련 세법체계

한국은 중국과 달리 국제조세, 특히 소득과세에 관한 일정한 사항들은 기존의 소득세법 · 법인세법에서 다루지 않고 별도의 법률을 제정하여 규율하고 있다. 이것은 이전가격세제와 과소자본세제 등 국제조세와 관련된 일정한 쟁점들은 기존의 세법논리와는 매우 이질적인 요소가 많으며 조세조약과 긴밀히 연관된 특별법적인 성격을 지닌다고 생각하기 때문이다. 곧 특별법적인 지위에 있는 국조법은 외국법인 국내자회사 또는 국내사업장에 적용되는 과소자본세제를 비롯한 사항들에 관한 특별한 규정을 두고 있는데, 이들 조항은 국내세법에 관하여 일반적으로 적용되는 소득세법 또는 법인세법에 우선하여 적용된다.[93] 물론 조세조약은 일반적으로 국내세법의 특별법적 효력을 지니므로 조세조약과 국조법이 충돌하는 경우에는 조세조약이 우선적으로 적용된다.[94]

시행령의 형식으로 나타내는 대통령령은 중국의 '행정규장'에 해당한다. 즉 법률에서 구체적으로 범위를 정하여 위임받은 사항과 법률을 집행하기 위하여 필요한 사항에 관하여 대통령이 대통령령을 발할 수 있다.[95] 과소자본세제에 관한 국제조세조정에 관한 법률 시행령(이하 '국조령'이라고 함)이 수차례 개정되어 현행 과소자본세제의 모습을 갖추게 되었다. 그 동안의 주요 개정 내용을 정리하면 아래와 같다.

첫 번째는 과소자본세제의 주관적 적용범위가 계속적으로 확대되어 가고 있는 것이다. 2000.12.29. 국조령 제3조 제2항이 개정되고 국내사업장의 국외지배주주 범위에 외국법인의 본점 뿐 아니라 지점까지 포함하도록 개정되었다. 또한 2002.12.30. 개정된 국조령 제3조에서는 내국법인과 국내사업장의 국외지배주주 범위를 보다 확대하였는데 이는 상당히 중요한 의미를 가진다. 개정 전에는 과소자본세제의 적용대상 자금대여자가 실질적인 국외지배주주에게 엄격하게 한정되어 적용되었으나 위 개정으로 소위 계열사 또는 자매회사도 국외지배주주의 범위에 포함됨으로써 과소자본세제 적용범위가 대폭 확대되었다. 이러한 법 개정은 한국 국내에 진출하는 다국적기업의 조세회피 가능성을 크게 줄였으나, 한편으로는 제도가 매우 복잡해지게 되었다.

93· 국조법 제16조 제1항.

94· 국조법 제28조.

95· 한국 헌법 제75조.

두 번째는 차입금의 범위를 확대시키는 것이다. 2002.12.18. 국조법 개정에서는 국외지배주주의 지급보증 자체 뿐 아니라 담보의 제공 등 실질적으로 지급을 보증함으로써 내국법인이 제3자로부터 차입한 경우에도 과소자본세제의 적용대상에 포함시켰다. 2009.2.4. 개정된 국조령 제24조 제3항과 제25조 제3항에서는 국외지배주주의 범위에 국조령 제3조 제1항 제1호의 외국주주(순수한 의미의 국외지배주주)와 같은 항 제2호의 외국법인(자매회사)이 모두 포함되어 있는 경우 외국주주와 외국법인의 차입금을 합산하여 과소자본세제를 적용하도록 하였다.

국무총리 또는 행정각부의 장은 소관사무에 관하여 법률이나 대통령령의 위임 또는 직권으로 총리령 또는 부령을 발할 수 있다.[96] 법형식으로 보면 한국의 시행규칙은 중국의 '부문규장'에 해당하는 것으로 보이지만 내용으로 보면 한국의 국조법령 시행규칙은 실체법에 대응하는 절차적인 사항을 규정하는 중국의 '세수징수관리법稅收徵收管理法' 및 그의 '실시세칙實施細則'과 비슷한 것으로 판단된다. 법률에서 정할 수 없는 부분은 전문성을 가지고 있는 정부기관에서 법률에 따른 위임을 받아 정하게 되고, 대신 법률의 위임 조항에서는 시행규칙의 목적과 그 적용범위 및 영역을 분명히 한다.

위와 같은 설명을 바탕으로 한국의 과소자본세제에 관한 법적 규정을 요약하면 다음과 같다.

---

96. 한국 헌법 제95조.

구분	명칭	주요내용
법률	국조법	배당으로 간주된 이자의 손금불산입, 제3자 개입 차입거래, 지급이사의 손금불산입 적용 순서 (제14-16조)
시행령	국조령	차입금의 범위, 국외지배주주와 차입금이 합산되는 특수관계인의 범위, 손금불산입액의 계산방법, 업종별 배수, 통상적인 조건에 의한 차입금, 원천징수세액 조정, 서식 제출 (제24-28조)
시행규칙	국조법 시행규칙	국외지배주주에게 지급하는 이자에 대한 조정 증명서, 원천징수세액 조정 명세서 (제7조의2, 3)

제4절
소결

과소자본 문제는 주로 국가간 자본이 이동하는 경우에 발생한다. 이것은 한국과 중국을 비롯한 세계 대부분 나라에서 외국법인이나 비거주자에 대하여 법인세와 배당소득세를 이중과세하기 때문이다. 물론 중국의 경우 법인주주의 배당소득에 대한 비과세로 경제적 이중과세를 해소하였으나 개인주주의 배당소득에 대해서는 아무런 이중과세 배제 조치를 취하지 않았으므로 개인주주가 거주자이든 비거주자이든 납세의무자로서는 언제나 출자형식보다 대여형식을 통하여 법인 단계의 세금을 줄일 유인을 받는다.

그러나 배당의 이중과세 문제를 완전히 해소하여도 내국법인간의 차입거래에서 발생하는 과소자본 문제를 배제할 수 있는 것은 아니다. 주주가 이자소득에 대하여 비과세하거나 소득세율에 비하여 법인세율이 높은 경우에는 과소자본을 이용한 조세회피의 가능성은 여전히 남아 있다. 이로 인하여 중국의 과소자본세제는 내외를 불문하고 비거주자 외에 거주자에 대해서도 적용된다.

중국의 일원적 입법체계와 달리 한국의 조세법은 국내법과 국제법 병행되는 이원적 입법체계로 구성되어 있다. 과소자본은 국제조세에 속하는 문제이기에 한국의 과소자본세제는 당연히 외국계기업만 적용대상으로 삼는다. 내국법인간의 차입거래에서 자회사가 지급이자형식으로 이익을 지주회사 내지 모회사로 부당하게 이전하는 경우에는 이는 한국 법인세법상 지급이자 손금불산입의 해석문제로 돌아간다.[97] 다시 말하면 중국 기업소득세법에서 말하는 과소자본세제는 한국 국조법상의 과소자본세제와 국내법상의 지급이자 손금불산입 제도 등을 합쳐서 부르는 것으로 판단된다.

비록 한중 양국의 과소자본세제는 입법체계의 차이로 적용범위가 다르지만 차입금 과다여부의 판단방법에 대하여 양국 세법에서는 다 안전항형 접근방법을 채택하였다. 또 지급이자 손금불산입 제도의 뼈대도 비슷한 점이 있는 것으로 판단된다. 그러나 중국은 2008년 신 기업소득세법의 제정 당시에 이르러서야 과소자본세제를 처음 도입하였고, 지금까지 이에 관한 법적 규정이 아직 많지 않다. 실행 과정 중 발생한 많은 문제에 대하여 구체적인 법적 근거를 또한 미비하여 전문화 및 체계화되지 못하는 단점이 있다. 이에 반해 한국은 1995년에 이미 과소자본세제를 도입하였고 중국보다 법적 규정이 완비되어 있을 뿐만 아니라 참고할만한 학설이나 판례도 많이 형성되어 있다.

중국은 현재 기본조세법률에는 「개인소득세법」, 「기업소득세법」 및 「차량선박세법」 밖에 없으며, 대부분 규정은 입법기관의 수권

97· 법인세법 제28조 제1항 제4호 나목.

입법을 거쳐 국무원 행정법규의 형식이나 부문규장의 형식으로 공포하여 실시해 왔다.[98] 이밖에 세무기관이 법집행 과정 중 주로 대량의 규범적 성격을 갖는 문건으로 조치를 취하고 있고 따라서 이론상 법적 효력이 가장 낮은 규범적 성격을 갖는 문건은 실무상 가장 중요한 법적 근거가 된 셈이다. 그러나 이런 문건이 적법한 행정처분의 근거가 될 수 있는지에 대하여 법원의 태도는 일관되지 않아[99] 결국 법에 대한 예측가능성을 갖지 못한다는 문제가 생기게 된다. 또는 한국과 달리 중국은 세법의 개정이 한하지 않은 대신 법보다는 '행정'으로 일이 처리되는 경우가 많기 때문에, 수시로 변하는 '조세정책'이 행정의 기준이 된다는 것은 역시 법적 안정성을 해치는 결과가 초래될 수 있다.[100]

98· 황진영, 「중국 기업소득세법 세정에 따른 입법적 시사점 검토」, 5쪽.

99· 北京市第一中级人民法院行政判决书(2015)一中行终字第2524号. 이 사건 하급심에서 법원은 피고가 國稅發(2005)172號라는 규범성 문건에 의하여 내린 과세처분은 합법적인 근거가 없다고 판시하였으나 2심에서 이를 뒤집었다. 이것은 중국 행정소송법 제53조에서 법원은 행정사건을 심리하면서 규범성 문건을 '참조'할 수 있다고 규정하여 '의거(준거)'라는 개념을 명확하게 구별하여 법원에 대하여 규범성 문건의 적용에 대한 선택권을 부여하였기 때문이다. 구체적인 내용은 马怀德主编, 『行政法与行政诉讼法(第2版)』 제19장 제2절 행정소송의 법률적용 참조.

100· 刘剑文主编, 『财税法前沿问题研究5 : 法制财税与国家治理现代化』, 93쪽.

03

한중 과소자본세제의 적용요건

본장에서는 한중 양국의 과소자본세제의 적용요건, 즉 주관적 적용대상, 부채, 자기 자본, 부채와 자기자본의 비교, 지급이자 등 쟁점을 일일이 비교분석하여 그 공통점 및 차이점을 살펴보고, 이에 관한 중국 현행법의 문제점 및 개선방안에 관한 의견을 제시하는 것을 목표로 하고 있다.

제1절
주관적 적용대상

과소자본은 주로 특수관계인 간에 자금조달의 방식을 선택하는데 자본을 차입금으로 위장하는 조세회피 전술이라고 말할 수 있다. 즉 차입금이자를 받는 자와 지급자의 공통된 경제적인 이익이 있는 것—곧 특수관계—은 과소자본 전술이 이용되기 위한 전

제이고 따라서 이런 공동 이익을 가지는 특수관계인 간의 거래를 과소자본세제의 적용대상으로 삼는다.[1]

I. 중국 : 특수관계인

실시조례 제109조 법 제41조에 따른 기업의 특수관계인이란 기업과 다음 각 호의 하나의 관계에 있는 기타 기업 또는 단체 혹은 개인을 말한다.

1. 자금, 경영, 매매 등에 있어 직접 혹은 간접적인 지배관계
2. 직접 혹은 간접적으로 동일한 제3자에 의하여 지배되는 관계
3. 기타 이해관계

중국의 과소자본세제에서 지급이자 손금불산입 대상이 되는 차입금은 기업의 특수관계인에게서 꾼 차입금이다. 상술 법조문을 보면 기업의 '특수관계인'이란 기업과 실질적인 이해관계가 있는 자를 말한다. 중국 국세국에서 공포한 '특수관계기업신고' 제2조에서 실질적인 이해관계 유무의 판단기준은 다음과 같이 규정하고 있다.

특수관계기업신고 제2조 기업이 기타 기업, 단체 또는 개인과 다음 각 호의 어느 하나의 경우에 해당하면 특수관계가 있다고 본다.

1· 深圳市资本弱化所得税政策课题组, 『资本弱化企业所得税政策的国际经验与借鉴』, 19~22쪽.

1. 일방이 타방 주식의 25% 이상을 직접 또는 간접적으로 소유하거나 제3자가 쌍방 주식의 25%이상을 직접 또는 간접적으로 소유하고 있는 경우;

2. 일방이 타방 주식을 소유하거나 제3자가 쌍방 주식을 소유하는 경우 주식소유비율이 제1항 소정기준에 달하지 않아도, 쌍방간 차입금 총액이 어느 일방 출자금의 50%이상을 차지하거나 일방이 타방 차입금 총액의 10%이상에 관하여 담보를 제공하는 경우. 단 독립된 금융업자와의 차입 또는 담보 거래를 제외한다;

3. 일방이 타방 주식을 소유하거나 제3자가 쌍방 주식을 소유하고 있는 경우 주식소유비율이 제1항 규정기준에 달하지 않아도, 일방이 타방의 특허권, 상표권, 저작권 등 지식재산권의 사용동의로 정상적인 경영이 가능한 경우;

4. 일방이 타방 주식을 소유하거나 제3자가 쌍방 주식을 소유하고 있는 경우 주식소유비율이 제1항 규정기준에 달하지 않아도, 일방이 상품의 거래나 용역의 제공 등으로 타방의 경영을 지배하는 경우;

5. 일방의 이사 또는 고급관리인원(상장회사 이사회비서, 사장, 부사장, 재무책임자 및 기타 회사 정관에서 규정한 인원을 포함)의 반수 이상이 타방의 위임으로 결정되거나 동시에 타방의 이사 또는 고급관리인원을 겸임하거나 또는 쌍방 반수 이상의 이사 또는 고급관리인원이 제3자로부터 위임받는 경우;

6. 부부, 직계 존비속, 형제자매 및 기타 양육관계가 있는 자연인 두 명이, 서로 제1호부터 제5호에 해당하는 경우;

7. 쌍방 사이에 기타 실질적인 이해관계가 있는 경우

실시조례 제109조를 보면 해당 조항은 기업소득세법 제41조에 대한 구체화 설명인 것을 알 수 있다. 그러나 앞장에서 소개한 바 있는데 중국의 과소자본세제는 동법 제46조에서 규정하고 있다. 그러면 법 제41조와 제46조는 어떤 관계인가?

> **기업소득세법 제41조 제1항** 기업과 특수관계인간의 거래가 독립기업원칙에 부합되지 않음으로써 본인이나 특수관계인의 과세대상소득금액을 감소시킨 경우, 세무기관은 합리적인 방법에 따라 해당 기업의 납세액을 조정할 권한이 있다.

법 제41조는 제6장 특별납세조정에 첫 번째 조항이고 특별납세조정에 대한 용어해설 조항인 것으로 평가된다.[2] 즉 '특별납세조정'이란 '개별적 조세회피방지규정'(흔히 'GAAR'에 대비시켜, 'SAAR', 곧 'Specific Anti-Aovidance Rules')이다. 납세의무자인 기업의 거래 또는 행위가 특별납세조정 대상 범위에 속하는 경우에는 일반적 조세회피행위부인 규정을 적용하지 아니하고 특별납세조정 관련 규정을 우선 적용하여야 한다.[3] 기업의 행위가 이전가격Transfer Pricing, 이전가격사전합의Advance Pricing Arrangement, 원가분담약정Cost Sharing Agreement, 피지배외국법인Controlled Foreign Corporation, 과소자본 등 개별적 조세회피방지규정들의 적용범위에 속하는 경우 세무기관이 이를 부인하여 거래를 재구성하는 과세조정을 할 수 있고,[4] 따라서 법 제46조의 과소자본세제에 관한 조항은 제41조의 조세회피 방지를 위한 수단으로

2· 刘剑文主编,『国际税法学(第三版)』, 74쪽.

3· 이에 관한 세부적인 내용은 유호림,「중국의 조세회피방지제도 동향 및 시사점」참조.

4· 张斌 · 杨志勇,『新《企业所得税法》解读 : 新旧对比与条文解释』, 120쪽.

볼 수 있다.

Ⅱ. 한국 : 국외지배주주

1. 국외지배주주의 개념

한국 과소자본세제의 주관적 적용대상은 내국법인의 국외지배주주이다. 국조법 제2조 제1항 제11호는 국외지배주주를 “내국법인 또는 외국법인의 국내사업장을 실질적으로 지배하는 외국의 주주 · 출자자 또는 본점으로서 대통령령이 정하는 자”로 규정하고 있다. 이에 따라 국조령 제3조는 국외지배주주의 범위를 외국법인의 내국법인과 국내사업장별로 구체화하고 있다.

그러나 내국법인의 경우라면 외국의 주주 · 출자자 또는 그러한 자가 출자한 외국법인이 '국외지배주주'에 해당하지만[5] 비거주자나 외국법인의 국내사업장은 독립된 법인이 볼 수 없으므로 회사법의 뜻으로 '지배주주'는 있을 수 없다. 민사법으로 따지면 국내사업장이 해외본점이나 다른 지점으로부터 돈을 차입한다는 것도 있을 리가 없다.

그렇지만 OECD의 '고정사업장에 대한 이윤귀속Attribution of Profits to Permanent Establishment에 대한 보고서'에 기초하여 한국 정부는 2009년 법인세법 시행령 제129조의 3(외국법인 본 · 지점간의 자금거래에 따른 이자의 손익계산) 및 법인세법 시행규칙 제63조의 2를

---

5 국조법 제2조 제1항 제11호.

신설하였다. 이에 따라 외국은행 국내지점의 경우 지점의 본점에 대한 지급이자 중 자본금 추산액 이상 부분에 대한 이자지급액이 원칙적으로 손금불산입되었다. 결론적으로 국내사업장과 해외본점 사이에도 이자 지급이 개념적으로 인정되어 국내사업장의 과세소득에서 공제될 수 있으면, 그 결과 과세소득이 줄어든다는 문제는 똑같이 생긴다. 나아가 국내지점이 본점의 지급보증을 받아 제3의 은행으로부터 장기의 자금대여를 받아 이자를 지급함으로써 국내지점의 과세소득을 감소시킬 수 있다는 점을 고려한다면 본점과 지점 사이의 지급이자에 대해서도 과소자본세제를 적용할 실익은 작지 않다.[6]

뿐만 아니라 한국 과세당국은 2009.12.29. 국조령 제3조 제2항이 개정하면서 외국법인의 본점 뿐 아니라 국외에 소재한 지점도 국외지배주주의 범위에 포함시켰다. 의사결정의 일체성 여부라는 관점에서 볼 때 외국법인이 다른 지점을 통하여 우회적으로 국내사업장에게 자금을 대여하더라도 본점이 국내사업장에게 직접 대여하는 것과 다르지 않음을 고려한 입법이다. 이리하여 한국 국조법은 외국법인의 국내사업장에 과소자본세제를 적용하는 경우 '국외지배주주'라는 말을 외국법인의 본점, 지점, 그 외국법인의 외국주주 및 그 외국법인 · 외국주주가 출자한 외국법인으로 정의하고 있다. 그에 맞추자면 '차입'이라는 말 역시 지급이자 상당액을 손금산입하는 본 · 지점 간 내부거래를 포함하는 뜻으로 읽어야 할 것이다.[7]

6· 이경근 · 서덕원 · 김범준, 『국제조세의 이해와 실무—국제조세조정에 관한 법률 내영을 중심으로』, 336~337쪽.

7· 이창희, 『국제조세법』, 463쪽. 참고로 미국의 [비과세 특수관계인에 대한 지급이자의 손금

2. 국외지배주주의 범위

내국법인의 국외지배주주의 판정 시점은 각 사업연도 종료일 현재로 한다.[8] 그의 범위는 1) 내국법인의 의결권 있는 주식의 100분의 50 이상을 직접 또는 간접[9]으로 소유하고 있는 외국주주이거나 2) 동 외국주주가 의결권 있는 주식의 100분의 50 이상을 직접 또는 간접으로 소유하고 있는 외국법인(즉 내국법인의 자매회사)이다. 또한 3) 실질적으로 내국법인을 지배하는 외국주주도 국외지배주주에 해당한다. 즉 거주자 · 내국법인 또는 국내 사업장과 비거주자 · 외국법인 또는 이들의 국내사업장의 관계는 공통의 이해관계가 있고, 어느 한쪽이 다음 어느 하나의 방법으로 다른 쪽의 사업방침의 전부 또는 중요한 부분을 실질적으로 결정할 수 있는 경우 그 어느 쪽의 다른 쪽은 국외지배주주로 취급된다.[10] 그 실질적 지배 여부의 판단기준은 아래와 같다.

가. 다른 쪽 법인의 대표임원이나 총 임원 수의 절반 이상에 해당하는 임원이 어느 한 쪽 법인의 임원 또는 종업원의 지위에 있거나 사업연도 종료일부터 소급하여 3년 이내에 어느 한 쪽 법인의 임원 또는 종업원의 지위에 있었을 것

나. 어느 한 쪽이 조합이나 신탁을 통하여 다른 쪽의 의결권

제한 규정[IRC 제163(J) : 일명 Earnings Strip-ping Rule]은 외국법인의 미국소재 지점을 과소자본세제 적용대상으로 삼고 있고, 일본 역시 외국법인의 일본 소재 고정사업장에 대하여 과소자본세제를 적용하고 있다.

8· 국조령 제3조.

9· 주식의 간접소유비율에 대해서는 국조령 제2조 제2항 참조.

10· 국조령 제2조 제1항 제4호.

있는 주식의 100분의 50 이상을 소유할 것

다. 다른 쪽이 사업활동의 100분의 50 이상을 어느 한 쪽과의 거래에 의존할 것

라. 다른 쪽이 사업활동에 필요한 자금의 100분의 50 이상을 어느 한 쪽으로부터 차입하거나 어느 한 쪽에 의한 지급보증을 통하여 조달할 것

마. 다른 쪽이 어느 한 쪽으로부터 제공되는 지식재산권에 100분의 50 이상을 의존하여 사업활동을 할 것

외국법인의 국내사업장의 경우 1) 외국법인 국외소재 본점지점뿐 아니라, 2) 본점 · 지점이 속하는 외국법인의 의결권 있는 주식의 100분의 50 이상을 직접 또는 간접으로 소유하는 외국주주, 3) 본점 또는 제2)호에 따른 외국주주가 의결권 있는 주식의 100분의 50 이상을 직접 또는 간접으로 소유하는 외국법인까지 국외지배주주의 범위에 포함된다.

Ⅲ. 중국 자금대여자 범위에 대한 검토

앞에 언급한 바와 같이 중국의 일원적 입법체계와 달리 한국의 조세법은 국내거래와 국제거래를 따로 규율하는 이원적 입법체계로 구성되어 있다. 한국 법인세법과 소득세법상 부당행위 계산의 부인제도에 관한 규정[11] 을 보면 중국 기업소득세법상의 특별납세

11· 법인세법 제52조.

조정과 같은 내용인 것으로 판단될 수 있다. 그러나 국제거래에서 관한 특칙으로서 한국의 국조법은 부당행위 조항의 적용을 배제하면서,[12] 특수관계인 사이의 거래가격이 "정상가격"과 다른 경우 정상가격을 기준으로 거주자의 과세표준과 세액을 조정할 수 있다는 이전가격세제를 두고 있다.

중국 조세분야에서는 기업소득세법상 국내외를 불문하고 특수관계인 사이의 거래가격이 "정상가격"과 다른 경우 정상가격을 기준으로 내국법인의 과세표준과 세액을 조정할 수 있는 특별납세조정은 '이전가격세제'라고 부르는 것이 보통이다.[13] 즉 중국의 '이전가격세제'는 한국 조세법상의 부당행위 계산의 부인 제도와 국조법상의 이전가격세제를 합하여 부르는 것이다.

한국 국조법상 특수관계가 가지는 의미를 국조법의 전체 체계를 놓고 다시 한 번 살펴보면 국조법은 특수관계를 '제1장 총칙'에서 정하고 있고, 이 특수관계를 기본으로 하여 약간씩 변용한 형태를 제2장 이전가격세제, 그리고 제3장 과소자본세제에서 사용하고 있다. 다시 말하면 한국 국조법상의 특수관계는 이들 각각의 세제에 공통적으로 적용되는 공약수적 성격을 가지고 있는 것이다. 그 내용을 좀 더 상세히 설명해 보면 이전가격세제는 거주자 · 내국법인 또는 비거주자 · 외국법인의 국내사업장, 그리고 특수관계에 있는 비거주자 · 외국법인 또는 이들의 국외사업장, 즉 국외특수관계인들과 사이에 적용되는 세제라 할 수 있다. 과소자본세제는 내국법인의 국외특수관계인 중 주주의 관계에 있는 일부를 한정하여

12· 국조법 제3조 제2항.

13· 예를 들면 翟继光, 『特别纳税调整法律与政策实用手册』, 182쪽; 周自吉 · 林治滨, 『转让定价基础理论与实务操作』, 13쪽.

국외지배주주라는 개념을 설정한 후 이 내국법인과 국외지배주주 사이에 적용되는 세제라 할 수 있다.[14] 따라서 동법 제16조에서는 과소자본세제가 이전가격세제에 우선하여 적용한다는 규정을 두고 있다.

위와 같은 설명은 도표로 예시하면 다음과 같다.

	법적 근거	세제	주관적 적용대상
한국조세법 (이원적 체계)	법인세법	부당행위계산의 부인	(국내)특수관계인
	국조법	이전가격세제	국외특수관계인
		과소자본세제	국외지배주주
중국조세법 (일원적 체계)	기업소득세법	이전가격세제(특별납세조정)	특수관계인
		과소자본세제	

그러나 여기에서 한 가지 문제가 있다. 즉 중국 조세법 체계는, 국내세법과 국제조세라는 이분법二分法을 취하지 않고, 이전가격세제와 과소자본세제의 주관적 적용범위를 한국조세법 규정처럼 특수관계인과 지배주주로 구분하지 않는 대신 이전가격세제의 적용대상이 과소자본세제에 당연하게 적용된다는 것이다. 이전가격세제는 거주자가 특수관계인과의 모든 거래의 적정성을 따지는 데에 비하여 과소자본세제는 그저 차입거래에 역점을 두고 차입금이라는 겉모습을 띤 돈이 실제는 자기자본이나 기타 다른 성격을 지닌 것인가에 대한 판단이다. 앞서 설명한 바와 같이 과소자본의 실질은 특수관계인들이 자기자본에 차입금이라는 겉모습을 씌워놓은

14· 이경근 · 서덕원 · 김범준, 앞의 책, 33쪽.

것이고 따라서 회사에 돈을 대는 형식에 대하여 실질적으로 결정할 수 있는 지배주주이어야 과소자본세제의 적용여지가 생긴다. 이리하여 이전가격세제보다 특별법적 지위에 있는 과소자본세제에 대하여 광범위한 특수관계인 가운데 특히 지배주주만을 주관적 적용범위로 삼는 것은 과소자본세제의 본질파악과 입법취지의 실현하는 데 더 적절하고 효율적인 법집행을 하는 데에서도 유리하다. 따라서 중국 현행 과소자본세제의 주관적 적용대상의 범위가 이전가격세제와 구별이 없는 문제는 수정할 필요가 있을 것이다.

제2절
부채debt

I. 중국 : 채권성투자

1. 채권성투자 여부의 판단기준

한국 과소자본세제가 적용되는 차입금을 중국 조세법상에서는 '채권성투자債權性投資'라고 부른다. 「실시조례」 제119조에 의하면 채권성투자란 기업이 직접 또는 간접적으로 특수관계인으로부터 조달한 정상적인 채무, 곧 원금을 상환하고 이자 또는 그에 유사한 성격을 갖는 방식으로 보상해주어야 하는 융자를 의미한다. 다시 말하면 이자 또는 그에 유사한 성격을 지닌 비용을 발생시키는 부채이고 따라서 중국 '121호문'에서 실제로 이자를 발생시키지 않는 무이자 차입금은 과소자본세제가 적용되는 부채의 개념에서 제외된다고 규정하고 있다.

2. 간접적 채권성투자

채권성투자는 크게 직접적 채권성투자와 간접적 채권성투자로 나눌 수 있다. 중국 기업소득세법 제119조에 의하면 거민기업이 특수관계인이 아닌 자로부터 차입을 하더라도 아래와 같은 경우에는 해당 차입금이 내국법인과 특수관계인으로부터 직접 차입한 금액으로 보아 과소자본세제를 적용한다. 이는 과소자본세제를 회피할 목적으로 다단계행위step transactions를 통하여 거래를 위장하는 것을 방지하기 위한 규정으로서 실질과세원칙이 과소자본세제에 구현된 것을 의미한다.

① 특수관계인이 비관련 제3자無關聯第3方를 통하여 대여해준 채권성투자;

② 특수관계인의 연대책임보증에 의하여 비관련 제3자로부터 받은 채권성투;

③ 기타 간접적으로 특수관계인으로부터 받은 부채의 실질을 갖는 채권성투자;

제1호가 정하는 비관련 제3자를 통하여 자금조달 목적이 실현되는 간접적 채권성투자의 대표적 사례가 특수관계인의 예금을 이용하는 우회차입back-to-back loan이다. 일반적으로 독립된 은행이 비관련 제3자의 역할을 수행한다. 가령 위탁자인 특수관계인이 수탁자인 은행에게 자금을 예치한 후, 실제 사용자인 내국법인이 같은 금액을 해당 은행으로부터 빌린다면 우회차입에 의한 간접적 채권성투자가 된다.

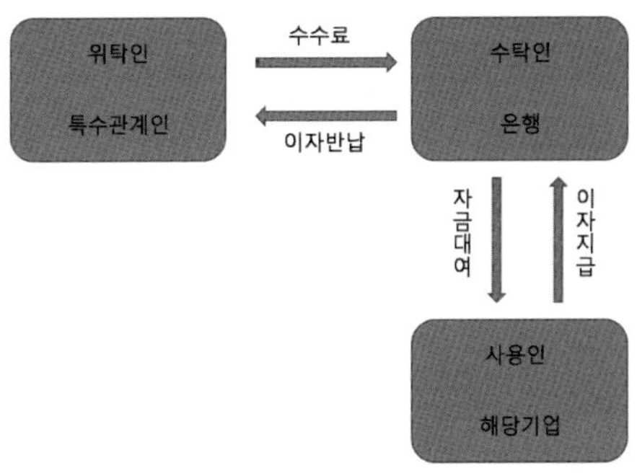

비록 명의상 채권자는 비관련 제3자로 되지만 차입금의 규모나 차입조건은 비관련 제3자의 의사와 상관없이 특수관계인에 의하여 결정되므로 실질적으로 해당 기업이 특수관계인에게서 직접 차입한 것과 마찬가지이다. 나아가 제3자가 단지 수수료만 받고 해당 기업으로부터 받는 차입금이자는 결국 특수관계인에게 돌려주므로 단순한 형태의 과소자본세제에서 벗어나려는 시도에 불과하다. 따라서 이와 같은 조세회피행위를 규율하기 위하여 특수관계인의 비관련 제3자를 통한 조달자금은 과소자본세제의 적용대상인 채권성투자에 포함시키는 것이 과소자본세제의 취지에 부합한다.

한편, 제2호가 규정한 특수관계인의 연대책임보증에 의하여 비관련 제3자로부터 받는 채권성투자는 특수관계인이 비관련 제3자로부터 차입금을 꾸어서 이를 다시 회사에 대여해 주는 것과 마찬가지이기 때문에 또한 과소자본세제의 적용대상인 채권성투자에 포함된다. 연대책임보증의 범위 내에 내국법인이 채무불이행 시

연대변제의무자로서 특수관계인이 해당 기업을 대신 채무를 이행할 수 있는 것은 비관련 제3자가 회사에 돈을 대여해주기 위한 전제조건이고 이때 특수관계인이 비관련 제3자에게서 구상권求償權을 가지게 되므로 내국법인에 대해서도 명실상부한 채권자가 된다. 나아가 특수관계인이 지급보증을 해주는 대가로 내국법인으로부터 받는 지급보증수수료는 지급하는 자의 입장에서 비용에 속하여 공제를 받을 수 있기 때문에 경제적 실질이 이자에 해당한다. 비록 차입거래의 채권자가 다르기는 하나 특수관계인이 차입거래의 실질적 위험을 부담하는 점과 거민기업이 자기자본 대신 차입금을 조달하는 점에서 동일하므로 과소자본세제의 입법 취지를 고려할 때 양자를 달리 취급할 이유가 없다.

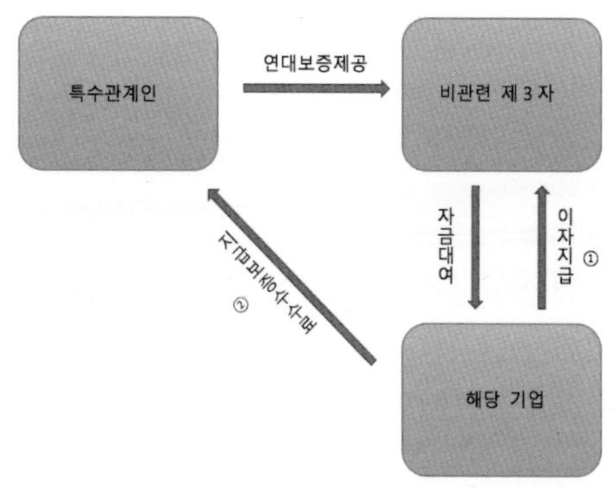

중국 현행법에서는 채권성투자를 일일이 나열하지 않은 채 앞서 제3호와 같이 포괄적으로 정한 이유는 과소자본세제의 핵심이 이자의 발생에 있는 반면, 업종 또는 회사의 회계처리별로 이자의 발생 여부가 달라질 수 있어서 이를 획일적으로 규정할 수 없기

때문이다. 예를 들어 예수금의 경우 금융업에서는 이자가 발생하는 것으로 회계처리되는데, 그 밖의 다른 업종에서는 그러하지 아니하므로 업종의 특성을 고려하지 않은 채 일률적으로 정할 수가 없다. 또한 최근의 다양한 금융기업들을 살펴보면 실질적으로는 특수관계인간의 차입거래임에도 불구하고 과소자본세제를 회피할 목적으로 비관련 제3자를 개입시켜 거래를 위장하고 있으며, 이와 같은 조세회피행위까지 포괄적으로 규율하기 위하여 실시조례 제119조 제3항이 제정되었다.

Ⅱ. 한국 : 차입금

1. 내국법인의 경우

한국 과소자본세제의 적용대상이 되는 차입금은 이자 및 할인료를 발생시키는 부채이다.[15] 개념을 보면 중국의 채권성투자와 대개 비슷하다. 또는 국외지배주주의 보증에 의하여 제3조부터 차입하거나[16] 제3자 개입거래를 입증하는 경우[17] 과소자본세제의 적용에서 벗어날 수 없다는 규정도 중국의 간접적인 채권성투자와 다를 비 없다.

15· 국조령 제24조.
16· 국조법 제14조 제1항.
17· 국조법 제15조.

2. 외국은행 국내지점이 도관conduit역할을 하는 경우

한국 국조령 제24조 제1항의 단서를 보면 외국은행 국내지점의 경우 외국본점에서 외화로 자금을 차입하여 역외로 대출한 자금과 국내은행에 외화로 대출한 자금은 실질적으로 도관역할만 할 뿐이고 외국은행 본점으로부터 국내지점으로의 차입금은 사실상 장부의 자금흐름에 불과하므로 본 · 지점 간 차입금은 과소자본세제의 적용에서 배제한다고 규정하고 있다.[18] 따라서 국조령 제24조의 차입금의 범위에는 외국은행 국내지점의 경우 ①「외국환거래법」에 따른 비거주자 또는 외국환은행에 대하여 외화로 예치하거나 대출하는 방법 ②「외국환거래법」에 따른 비거주자 또는 외국환은행이 발행한 외화표시증권을 인수하거나 매매하는 방법으로 사용하기 위하여 당해 외국은행의 본점지점으로부터 외화로 예수 및 차입하는 금액을 제외한다.

또한, 외국은행의 세부담이 경감될 수 있도록 외국은행 국내지점이 정부의 요청에 의하여 차입하는 외화 등은 차입금에 대한 이자가 손금으로 산입되지 아니하는 차입금의 범위에서 제외된다. 경제위기의 극복을 위하여 정부에서 요청한 차입금은 과소자본세제의 제정취지상 규제대상으로 볼 수 없기 때문이다.[19]

위와 같은 설명에서 알 수 있듯이 중국 세법상의 채권성투자와 한국 세법상의 차입금은 같은 개념으로 보아도 크게 문제되지 않는다. 양자는 모두 일정한 기한 내에 원금의 상환과 일정한 이자를

---

18. 이경근 · 서덕원 · 김범준, 앞의 책, 328~329쪽.
19. 이진영, 「과소자본세제-2007년 세제개편안을 중심으로」, 64~65쪽.

지급한다는 채권 · 채무 형식에 따라 조달된 자금이기 때문이다. 하지만 한국 세법상 외국은행 국내지점이 도관 역할을 하는 경우 외국은행 본점으로부터 국내지점으로의 차입금은 과소자본세제의 규제대상에서 제외된다는 규정은 중국 세법상에서 찾을 수 없다. 이것은 중국에서 역외금융이 아직 발달하지 않은 까닭이다.

제3절 자기 자본equity

I. 중국 : 권익성투자

1. 권익성투자의 범위

채권성투자와 비교 대상이 되는 특수관계인의 '권익성투자權益性投資'란 기업이 취득한 원금 및 이자를 상환할 필요가 없고 출자자가 기업의 순자산에 대하여 소유권을 갖는 투자를 말한다.[20] 이것은 한국 과소자본세제 중에 차입금과 비교대상이 되는 국외지배주주의 출자지분과 비슷한 개념으로 보인다.

시행방법 제86조 제2항 전단에 의하면 소위 권익성투자는 기업의 대차대조표에 표시되는 자기자본所有者權益을 뜻한다. 중국 기업회계기준[21]에 따르면 기업 자본은 납입자본금實收資本, 자본잉여금資本公積,

---

20· 중국 실시조례 제119조.

21· 중국 「기업회계기준—기본기준」 제26조.

처분이 이루어진 이익잉여금剩餘公積 및 미처분 이익잉여금未分配利潤의 네 항목으로 구성되어 있다.

2. 권익성투자의 계산방법

권익성투자는 일반적으로 기업 자산에서 부채를 빼고 남은 금액이고 이 금액 크기의 범위 내에서 주주가 기업재산에 대하여 잔여재산분배청구권Residual Claim을 행사할 수 있다.

실시조례 제86조 제2항 후단에서는 "자기자본이 납입자본금과 자본잉여금의 합계액보다 적은 경우[22] 권익성투자는 납입자본금과 자본잉여금의 합계액이고 납입자본금과 자본잉여금의 합계액이 납입자본금보다 적은 경우[23] 권익성투자는 납입자본금액이다." 라고 규정하고 있다. 즉 권익성투자는 자기자본, 납입자본금, 납입자본금과 자본잉여금의 합계액 중에서 가장 큰 금액으로 평가된다.

II. 한국 : 출자금

1. 내국법인의 경우

한국 국조령 제25조 제3항의 규정에 의하면 국외지배주주의 내

22· 즉 당기에 처분할 이익잉여금이 음수(-)인 경우, 다시 말해 미처리결손금이 있는 경우를 의미한다.

23· 비록 자본잉여금은 음수가 나타나는 경우는 거의 없지만 외화환산손실이나 매도가능증권평가손실로 일시적으로 마이너스가 될 수도 있다.

국법인에 대한 출자금액은 자기자본(순자산가액)[24] 과 납입자본금[25] 가운데 큰 금액을 골라서, 그 금액 가운데 국외지배주주에게 속하는 부분으로 한다.

이 경우 만일 국외지배주주의 범위에 제24조 제3항에 따라 차입금을 합산하는 외국주주와 외국법인이 모두 포함된다면 외국주주가 납입한 자본금이 차지하는 비율을 외국주주와 외국법인이 납입한 자본금이 차지하는 비율로 본다.[26] 다시 말하면 국외지배주주에 외국주주가 50% 이상 출자한 외국법인이 포함된 경우에는 외국주주와 외국법인의 출자금액과 차입금을 통산하여 과소자본세제를 적용한다.[27] 이와 같이 취급하는 이유는 외국주주와 자회사인 외국법인은 내국법인에 대하여 경제적 이해관계가 합치하기 때문이다.[28]

국외지배주주가 내국법인의 지분을 간접소유하는 경우 납입자본총액 중 국외지배주주가 납입한 자본금의 비율은 직렬출자관계[29] 의 수에 따라 달리 계산하는데, 구체적인 계산방법은 아래와 같다.[30]

① 국외지배주주와 내국법인 사이에 직렬출자관계가 있는 경우 : 국외지배주주의 내국법인에 대한 납입자본금비율은 각 단계의 지분비율을 모두 곱하여 산출한다.

---

24 · 순자산금액은 해당 사업연도 종료일 현재 재무상태표상의 자산의 합계에서 부채(충당금을 포함하며, 미지급 법인세를 제외함)의 합계액을 뺀 금액이다.

25 · 납입자본금은 해당 사업연도 종료일 현재 다음과 같은 산식에 따라 계산한 금액으로 한다 : 자본금 + (주식발행액면 초과액 및 감자차익) - (주식할인발행차금 및 감자차손)

26 · 국조령 제25조 제3항 괄호.

27 · 이와 같은 방법으로 손금불산입되는 이자지급액의 총액을 산출한 후 해당 금액을 외국주주와 외국법인의 차입금 비율로 안분하여 각각 배당처분으로 한다.

28 · 이경근 · 서덕원 · 김범준, 위의 책, 334~335쪽.

29 · 직렬출자관계란 국외지배주주와 내국법인 사이에 주식 소유를 통하여 하나 이상의 법인이 개재되어 있고 이들이 모두 직렬로 연결되어 있는 관계를 말한다.

30 · 국조령 제25조 제5항.

② 국외지배주주와 내국법인 사이에 2 이상의 직렬출자관계가 있는 경우 : 각각의 직렬출자관계에서 산출한 납입자본금비율을 모두 합하여 산출한다.

위와 같은 계산방법을 다음과 같은 도표로 설명하는 것이 이해하기가 쉬울 것이다.[31]

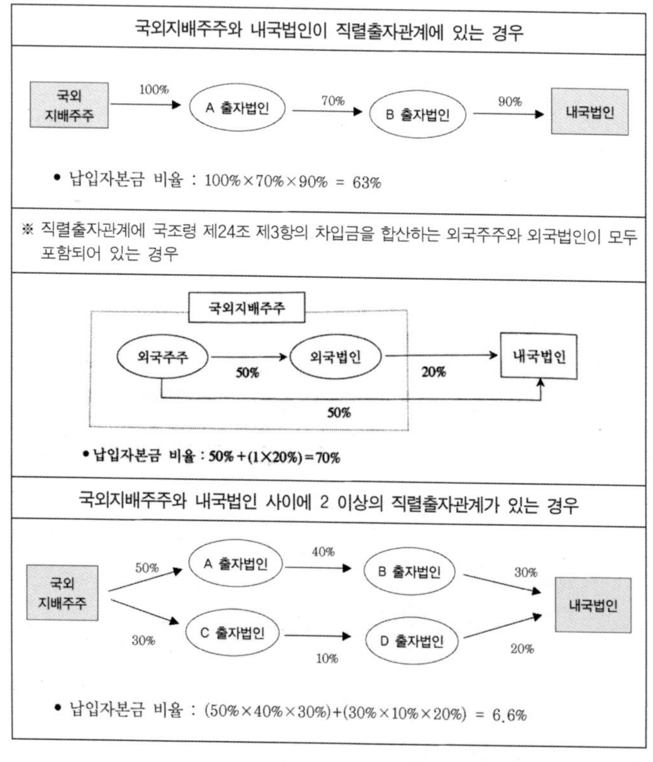

31· 한국 국세청에서 2015년 발간한 「외국법인 및 외국인투자기업 납세안내」, 329쪽 참조.

2. 외국법인의 국내사업장의 경우

과소자본세제의 적용대상이 외국법인의 국내사업장일 경우 국외지배주주의 외국법인 국내사업장에 대한 출자금액은 각 사업연도 종료일 현재 그 국내자업장의 재무상태표의 자산총액에서 부채총액을 뺀 금액으로 한다.[32] 내국법인이 아닌 국내사업장의 경우에는 별도의 납입자본금이 없기 때문이다. 이때 부채총액의 범위에는 미지급본점송금액을 포함하지 않는다.[33]

제4절 부채와 자기자본의 비교

I. 세제적용기준

본 논문에서 말하는 '세제적용기준'이란 과소자본세제를 적용함에 있어 기업이 특수관계인에게 지급한 이자를 손금으로 인정할 것인지 여부를 판단할 수 있도록 세법상 미리 정한 일정한 부채 대 자본비율을 뜻한다. 구체적으로 설명하면 설령 납세자가 자본의 성격을 갖는 자금을 차입금 형태로 조달하였더라도, 부채 대 자본비율이 세법에서 정한 일정비율을 초과하지 않는 경우에는 과소자본세제를 적용하지 않는 것이다.[34] 앞서 제2장 '과소자본세제

32· 국조령 제25조 제3항 단서.

33· 국조통 14-0-4.

34· 이경근 · 서덕원 · 김범준, 앞의 책, 319쪽.

의 이론적 검토' 부분에서 설명하였듯이 중국과 한국은 세제적용기준의 구체적인 비율로서, 일반업종과 금융업을 나누어, 전자에 대해서는 2:1을, 금융업에 대해서는 중국은 5:1, 한국은 6:1을 적용한다.

1. 중국 : 기업전체기준

중국 현행법상 채권성투자와 비교 대상이 되는 권익성투자가 기업의 대차대조표에 표시되는 소유자권익(자기자본)이라는 규정에서 알 수 있듯이, 세제적용기준에 해당하는 부채 대 자본 비율을 결정하는 방식에 대하여 중국은 '기업 전체 기준'을 적용하고 있다. 기업 전체 기준은 기업 전체의 차입금 규모를 규제하는 목적이 있지만 이어서 살펴보는 한국의 '특수관계인 전체 기준'과 함께 기업의 소득이 특정 1인의 특수관계인에게 이전되는 것을 단속하지 못하고 담세력에 따른 공평과세원칙에 어긋나는 단점이 있다.

2. 한국 : 특수관계인전체기준

한국은 세제적용기준에 대해서는 '특수관계인 전체 기준'을 택하였다. 즉 국외지배주주 전원이 한국 내국법인에게 제공한 차입금과 내국법인의 자기자본 중 국외지배주주 전원으로부터 조달한 지분 사이의 비율로 세제적용기준을 정한다. 이 기준은 국외지배주주 전부로부터 차입하는 금액의 총액을 규제하는 목적이 있다.

이 기준에 따를 때 국외지배주주로부터 제공된 차입금과 그에게 귀속되는 자기자본 지분 사이의 비율이 세제적용기준을 초과하더라도 국외지배주주 전원으로부터 제공된 차입금 총액과 그들에게 귀속되는 자기자본 지분 총액 사이의 비율이 세제적용기준을 초과하지 않는다면, 특정 1인의 국외지배주주에게 지급한 이자는 손금에 산입된다. 예를 들어 어떤 내국법인이 국외지배주주인 A, B로부터 각각 50, 400, 총 450의 차입금을 받았고 A, B 내국법인의 자기자본 지분은 각각 150, 100, 총 250이면, 국외지배주주 전원의 차입금 총액과 자기자본 지분 총액의 비율이 세제적용기준 2:1을 초과하지 않았다. 따라서 비록 국외지배주주인 B의 차입금과 자기자본 지분의 비율인 4:1이 기준인 2:1을 많이 초과해도 내국법인이 B에게 지급한 차입금이자는 여전히 손금에 산입된다.

3. 한중 양국의 세제적용기준에 대한 검토

세금의 부담은 공평하여야 한다고 생각한다면 특수관계인 전체 기준이든 기업 전체 기준이든 특정 국외지배주주가 과도한 차입금을 이용하여 기업소득을 부당하게 이전해가는 행위를 단속하지 못하여 비판을 초래할 수 있다.[35] 위의 예시 중의 사실관계를 바꾸어 가령 B의 차입금은 400이 아니라 500이면, 국외지배주주 전원의 차입금 총액 550과 자기자본 지분 총액 250의 비율이 세제적용기준을 초과하여 초과분에 대한 지급이자는 손금산입되지 못한다. 따라서 국외지배주주인 A로부터 제공된 차입금과 그에게 귀속되는 자기자본 지분을 대조해 본 결과가 과소자본이 아니라 '과소부

---

35. 周芬芳, 「资本弱化税制法律问题研究」, 29쪽, 또는 方威威, 「我国反资本弱化避税问题的探究」, 33쪽.

채'임에도 불구하고 과소자본세제의 적용을 면제하지 못하는 것은 담세력에 따른 공평과세에 어긋난다. 물론 중국의 기업 전체 기준도 똑같은 문제가 있다.

위와 같은 문제를 해결하자면 세제적용기준의 선택함에 있어서는 '특수관계인 1인 기준'으로 하여야 한다는 주장이 있다.[36] 그러나 과소자본세제가 특정 기업이 일으키는 '과도한 과세소득 잠식'을 방지함에 그 목적이 있는 것을 고려한다면 기업 전체로서 손금에 산입하는 이자 총액이 적정 기준 안에 있는 경우 과세당국으로서는 과세소득이 지나치게 잠식당했다고 말할 수가 없다. 위와 같은 '특수관계인 1인 기준'은 결국 민사법상의 '자기책임' 원칙을 강조할 뿐이고, 세법과 민사법의 목적이 다른 이상 '공평'에 대하여 세법은 반드시 민사법과 똑같은 뜻으로 해석할 필요가 없는 것으로 판단된다.

한편 법집행 과정 중 세무기관이 기업과 특수관계인간의 모든 차입거래가 적정한지의 여부를 일일이 검증하는 것은 쉽지 않다. 특히 특수관계인이 많은 기업에 대한 특정 1인의 차입금과 자기자본 지분의 비율계산은 더 그러하다. 중국의 '기업 전체 기준'과 한국의 '특수관계인 전체 기준'은 비록 이론상에서 문제가 있지만 특수관계인 1인 기준에 비하여 법적 규제의 실효성 확보를 구현할 수 있다. 이런 차원에서 생각하면도 한중 양국의 세제적용기준에 해당하는 부채 대 자본 비율을 결정하는 방식은 과세행정의 현실적 요구에는 잘 맞는 것이기 때문에 굳이 특수관계인 1인 기준으로 수정할 필요가 없을 것이다.

36· 曾飞 · 夏文川, 「我国防止资本弱化避税的法制现状及完善建议」, 5~6쪽.

Ⅱ. 기준적용의 예외

1. 독립기업원칙

기업의 차입금비율이 법정기준을 초과하는 경우 독립기업원칙에 위배되지 않더라도 모두 기준초과 이자를 손금부인한다면 과세결과가 정당화되지 않을 수 있다. 특히 사업영역의 특성과 소요자본 구조 등에 대한 고려 없이 획일적인 기준으로 평가한다면 더 그러하다.[37] 이런 점을 감안하여 OECD 모델조세조약은 기본적으로는 과소자본세제가 독립기업원칙의 적용범위 안에 들어가고 과소자본세제는 독립기업원칙에 어긋나지 않도록 운영하여야 한다고 한다.[38] 1987년 발표한 OECD의 과소자본세제 보고서는 다음의 내용을 밝혔다.[39]

가) OCED 모델조세조약 제9조[특수관계기업associated enterprises]는 과소자본을 규율하기 위한 과세원칙의 적용과 관련된다.

나) 동 조항은 단지 이자율의 조정에만 한정되지 아니하고, 차입금의 형태로 조달된 자금을 자기자본으로 취급하는 것의 적정성 여부 판정과도 관련이 있다.

다) 각국의 과세원칙이 자금차입자의 과세소득을 독립기업들 사이에 발생하였을 과세소득 상당액으로 맞추어 조정하는

37· *OECD/G20 Base Erosion and Profit Shifting Project : Addressing the Tax Challenges of the Digital Economy(Korean version)*, pp.5~7.

38· 이창희, 앞의 책, 472쪽.

39· OCED CFA 보고서, 「Thin Capitalization」(1987), p.84.

> 효과를 갖는다면, OECD 모델조세조약 제9조는 해당 과세 원칙의 적용을 배제하지 아니한다.

이와 같은 보고서 입장을 반영하여 1992년 개정된 OECD 모델조세조약 주석 9-3은 다음과 같이 규정하였다.

> 가) OCED 모델조세조약 제9조는 각국의 과소자본세제가 자금차입자의 과세소득을 독립기업들간의 상황에서 발생했을 과세소득에 상응하는 금액에 맞추어 조정하는 한 동 세제의 적용을 금지하지 아니한다.
>
> 나) 동 조항은 차입금 이자율이 정상이자율인지 여부의 판정뿐 아니라 외견상 차입금이 실제로는 자기자본에 대한 출연금과 같은 다른 성격의 지급금인지 여부의 판정과도 관련된다.
>
> 다) 과소자본세제를 적용할 경우 해당 내국법인의 과세소득이 독립기업이 얻었을 정당 이윤보다 커지면 안 되고, 과소자본세제는 기존의 조세조약을 적용할 때에도 준수되어야 한다.

위와 같은 입장은 1995년 발표된 OECD 이전가격과세지침에서도 다시 한 번 뒷받침되었다.[40] 즉 과소자본세제를 광의의 이전가격세제 가운데 일부로 보아 독립기업원칙을 설명하고 있다.

---

[40] OECD, "Transfer Pricing Guidelines for Multinational Enterprise and Tax Administrations" (1995), 제1절.

이에 따라 한국 현행법상 설령 국외지배주주의 차입금/자기자본 비율이 세제적용기준을 넘더라도 내국법인이 해당 자본거래가 독립기업원칙에 어긋나지 않는다고 입증한다면 과소자본세제의 적용에서 벗어날 수 있다고 정하고 있다. 즉 차입금의 규모 및 이자율, 만기일 등 차입조건이 특수관계가 없는 자 사이의 통상적인 차입규모 및 조건과 동일 또는 유사한 것임을 입증하는 경우에는 그 차입금에 대한 지급이자 및 할인료에 손금불산입 문제가 생기지 않는 것이다.[41] 통상적인 차입금과 동일하거나 유사한가는 이자율, 만기일, 지급방법, 자본전환 가능성, 다른 채권과의 우선순위 등을 고려할 때 해당 차입금이 사실상 출자에 해당하지 아니한가를 따져야 한다.[42]

중국 현행법도 비슷한 취지로 과소자본세제를 독립기업원칙의 일환으로 운영하고 있다. 즉 특수관계인의 채권성투자가 그의 기준한도를 넘는 기업이라 하더라도, 관할 세무기관에 다음과 같은 독립기업원칙에 부합되는 입증자료를 제출한다면 과소자본세제의 적용을 피할 수 있는 것이다.[43]

① 기업의 채무상환능력과 채무조달능력에 관한 분석자료 :
② 기업집단의 채무조달능력 및 자금대차구조에 관한 자료 :
③ 기업의 등록자본 등 권익성투자의 변동상황에 관한 설명자료 :
④ 특수관계인 채권성투자의 성격과 목적 및 취득 시의 시장상황에 관한 자료 :

41· 국조법 제14조 제3항.
42· 국조령 제27조 제1항 제1호.
43· 중국 121호문 제2조, 시행방법 제89조.

⑤ 특수관계인 채권성투자의 화폐종류 · 금액 · 이자율 · 만기일 · 자금대차조건에 관한 자료 :

⑥ 기업이 제공한 담보상황 및 담보조건에 관한 자료 :

⑦ 담보인상황 및 담보조건에 관한 자료 :

⑧ 동종동기 대출이자율상황 및 자금대차조건에 관한 자료 :

⑨ 전환사채의 전환조건에 관한 자료 :

⑩ 독립기업원칙에 부합함을 충분히 입증할 수 있는 기타의 자료.

2. 실효세율

중국의 시행방법 제88조에 따라 손금불산입되는 이자는, 특수관계인에게 실제적으로 지급된 이자금액이 그들이 받아가는 이자총액에서 차지하는 비율대로 각 특수관계인간에 안분하여 계산된다. 그 중 국내 특수관계인의 실효세율이 이자를 지급하는 기업의 실효세율보다 높은 경우 안분된 이자금액은 손금산입 가능하며 과세표준 계산 시 공제될 수 있는 반면 국외 특수관계인에게 직 · 간접적으로 지급된 이자 가운데 손금불산입 부분을 실효세율과 상관없이 획일적으로 배당으로 재구성한다. 국외 특수관계인에 대한 손금불산입된 지급이자의 소득처분 문제는 잠시 다음 장으로 미루어놓고 우선 국내 특수관계인에 관한 실효세율 문제를 살펴보자.

제1장 과소자본의 경제적 효과 분석 중에서 이미 설명한 대로 기업이 조세회피를 목적으로 과소자본 수단을 이용할 필요가 없는 경우란, 즉 출자를 한 경우나 대출을 한 경우나 주주에게 최종적으로 귀속되는 소득에 아무런 영향이 없는 때를 가리키는데, 이는

① 법인과 주주간의 경제적 이중과세를 완전히 해소하고 ② 법인세율과 소득세율이 동일하여야만 가능하다. 내국법인의 경우 중국 기업소득세법은 배당소득 비과세로 경제적 이중과세를 없앴지만 소득세율에 비하여 법인세율이 높은 세법구조를 가져 과소자본을 이용한 조세회피의 가능성이 여전히 남아 있다.

특수관계기업의 경우도 실효세율의 차이로 위와 같은 문제가 생길 수 있다. 비록 중국의 기업소득세율이 누진세율이 아닌 비례세율이지만, 이것은 그저 세법에 의하여 정해진 법인세 법정세율 또는 명목세율이다. 따라서 각종 공제 · 감면제도로 인한 실효세율의 차이가 발생하므로 기업의 실제 기업소득세 부담도 차이가 날 수밖에 없다. 만약 특수관계인의 실효세율이 이자를 지급하는 기업의 실효세율보다 높은 경우라면 이자의 손금성을 이용하여 줄이는 기업소득세액보다 이자소득으로 부담하여야 할 기업소득세액이 더 많다. 투자수익 극대화의 목표를 세우는 투자자라면 이 때 조세회피를 위하여 과소자본을 이용할 리가 없다. 따라서 중국 내국법인이 국내 특수관계인에게 법정기준을 초과하는 차입금이자를 지급하는 경우 독립기업간 차입거래와 동일 또는 유사한 것임을 입증할 수 없더라도 자기의 실효세율이 특수관계인의 실효세율보다 높지 않은 것임을 입증할 수 있으면 여전히 과소자본세제의 적용에서 벗어날 수 있다. 그리고 실효세율의 측정에 관한 세부적인 내용은 제4장 '손금불산입 이자의 과세조정'에서 상술하겠다.

제5절
지급이자

I. 지급이자의 범위

1. 중국 : 일반적인 지출비용공제

중국의 '121호문'을 보면 조항은 4개밖에 안 되지만 '실제 이자 지출비용'이라는 말이 4번이나 나온다. 중국 기업소득세법 제8조(일반적인 지출비용공제)에 의하면 '실제 이자 지출 비용'이란 기업의 소득과 관련하여 실제로 발생된 합리적인 지출이다. 이에 대해서는 중국 국세국은 2011년 제34호 공고[44]에 의하여 기업이 특수관계인에게 지급하는 차입금이자와 지급보증수수료, 근저당설정비용 등 기타 이자의 성격을 가지고 있는 모든 형태의 비용이 과소자본세제하에 세제적용기준으로 손금산입 여부의 판정을 받기 전에 일반적인 지출비용공제조항에 부합되는지를 판단하여야 한다고 규정하였다. 또한 실시조례 제38조 제2항은 일반적인 이자 공제에 대하여 비금융기업이나 개인 차입금이자는 금융기업이 같은 기간 같은 부류의 채무자에게 대출한 금리로 계산한 금액을 넘지 않도록 규정하고 있다.

위와 같은 지급이자 손금산입 여부의 판정기준의 적용순서를 정리하면 아래와 같다.[45]

---

44 기업소득세에 관한 각종 문제에 대한 공고(關于企業所得稅若干問題的公告)
45 실효세율의 측정 및 손금불산입 이자의 소득처분 문제는 제4장에서 상술하겠다.

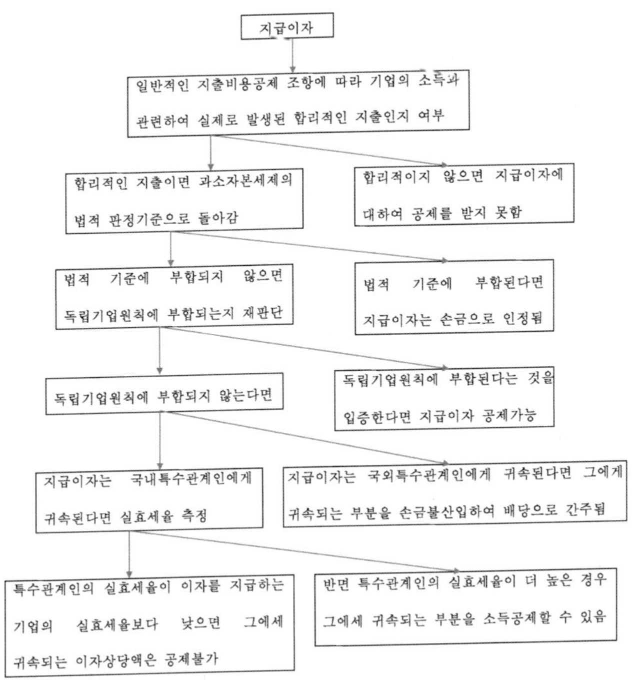

실은 중국 기업소득세법상의 일반적인 지출비용공제 규정은 한국 법인세법상의 일반적인 손금불산입조항[46]에 해당한다. 또한 법인세법 제92조 제1항에 의하면 외국법인의 국내원천이자소득금액의 계산에 내해서는 제19조를 준용한다고 되어 있다. 따라서 한국 과소자본세제 하에 국외지배주주에게 지급하는 이자 여부의 판단도 '일반적으로 용인되는 통상적인' 손금산입 원칙에 따른다.[47]

46· 법인세법 제19조 제2항.
47· 이창희, 『세법강의(제13판)』, 959쪽.

2. 한국 : 경제 실질적 이자

한국 국조령 제25조 제2항에 따라 손금불산입액 계산 시 합산하는 이자 및 할인료의 범위는 차입금에서 발생한 모든 이자소득으로서 사채할인발행차금 상각액, 융통어음할인료 등 그 경제적 실질이 이자에 해당하는 것을 모두 포함한다. 중국 조세법도 이와 비슷한 규정을 가지고 있다. 즉 시행방법 제87조에 의하면 기업소득세법 제46조에 따른 이자지출의 범위는 특수관계인의 직 · 간접적 채권성투자에 대하여 실제로 지급한 이자, 지급보증수수료, 근저당설정비용 및 기타 이자의 성격을 가지고 있는 비용으로 구성되어 있다.

경제적 실질이 이자에 해당하지 않는 것은 이자 및 할인료의 범위에서 제외된다. 예를 들어 건설지금이자를 이자 및 할인료에서 제외하고 있는데,[48] 건설자금이자는 기업회계기준상 비용expense 항목이 아니라 원가cost 구성항목이어서 자산으로 취급되기 때문이다. 또한 내국법인이 국외지배주주로부터 자금을 차입하면서 환율변동위험을 회피하기 위하여 국외지배주주와 관련 없는 국내은행과 외환스왑foreign exchange swap계약을 체결하고 계약조건에 따라 당해 국내은행에 지급하는 수수로는 지급이자 및 할인료에 해당하지 않는다.[49] 나아가 상품이나 제품 등을 판매하고 받은 상업어음을 국외특수관계인에게 할인할 때 그 할인거래가 어음의 매각거래라면 당해 처분 손실은 지급이자 및 할인료에 해당하지 아니하나, 상업어

---

48 · 국조령 제25조 제2항.

49 · 국조통 14-0-3.

음을 담보로 한 차입거래라면 지급이자 및 할인료에 해당한다.[50] 그밖에 미지급비용, 미지급 법인세, 선수수익, 부채성 충당금, 수수료 성격의 지급보증수수료도 국조령 제25조 제2항에서 말하는 이자 및 할인료가 아니다.[51]

하지만 '그 경제적 실질이 이자'라는 말은 범위를 특정하기 어려운 개념이다. 가령 기업이 특수관계인으로부터 상품을 사면서 매입대금을 외상으로 산다면 해당 특수관계인이 가지는 외상매출금 속에 들어 있는 이자상당액은 손금불산입 대상이 되는가?

한국 법인세법 제43조에서는 내국법인의 각 사업연도의 소득금액을 계산할 때 일반적으로 법인세법 및 「조세특례제한법」에서 달리 규정하고 있는 경우를 제외하고는 기업회계기준에 따라야 한다는 규정을 두고 있다. 외상매출금 속에 들어 있는 이자상당액이 법인세법 시행령 제70조의 '이자 등'에 들어간다고 생각한다면 이를 지급하는 자의 귀속시기에 대해서는 법령에 따로 특칙이 없는 것이 된다. 한편 같은 영 제70조의 적용을 받지 않는다고 보면, 달리 이를 지급하는 자의 귀속시기에 관한 규정이 법령에 없다. 결국은 기업회계에서 이자비용으로 처리하는 것을 세법이 그대로 존중하는 범위 안에서는 기업회계상 비용처리된 지급이자는 과소자본세제의 적용대상이 된다. 목적론적 관점에서 보더라도 기업회계를 거쳐서 결국은 세법상 이자비용이 되는 이상 다른 이자비용과 구분할 이유가 없다. 기업회계에서는 외상매출금이나 미수금 채무도 현재가치로 계산하여 이자비용 상당액을 기간경과에 따라 인식

50· 국조통 14-25-2.

51· 이경근 · 서덕원 · 김범준, 앞의 책, 344쪽.

하도록 정하고 있다.[52] 한걸음 더 나아가, 과소자본세제의 기본취지가 과세소득의 잠식을 막자는 데 있다는 점을 생각하면 적어도 입법론으로는, 명목이 무엇이든 기업과 특수관계인간의 거래를 통하여 과세소득을 줄이는 것은 모두 손금불산입 대상이 된다.[53]

위와 같은 문제에 대해서는 중국 기업회계기준에 따라서도 비슷한 처리결과가 된다.[54] 그러나 중국의 기업소득세법에서는 기업이 손금의 귀속사업연도에 관하여 기업회계처리기준을 적용하는 법적 근거가 마련되지 않았다. 아직 초기단계를 벗어나지 못하는 중국 세법의 실정을 감안한다면, 과세행정에 지나친 부담을 주지 않도록 막상 한국처럼 '경제적 실질이 이자'라는 개념을 사용하지 않는 것은 좋겠지만, 적어도 세법과 기업회계의 관계에 대하여 중국 과세당국은 한국 현행법을 참조하여 거민법인의 각 사업연도의 소득금액 계산 시 일반적으로 기업소득세법이나 개인소득세법에서 달리 규정하고 있는 경우를 제외하고는 기업이 회계기준에 따른 처리방식을 그대로 존중하여야 한다는 규정을 신설할 필요가 있을 것이다.

Ⅱ. 지급이자 손금불산입에 대한 검토

본문 제2장 과소자본의 경제적 효과에 대한 분석에서 이미 논의한 바 있는데, 만약 이자를 지급받는 자가 이자소득세를 면제받는

52· 한국 기업회계기준서 1039호 2문단, 47문단.

53· 이창희, 「과소자본세제의 현황과 전망」, 69쪽.

54· 중국 기업회계기준 제22호－금융상품 확인 및 계량.

다면 과세당국 세법에서 배당소득세 면제 등 방법을 통하여 법인세 이중과세 문제를 완전히 해소하였더라도 이자의 손금성을 이용하여 법인 단계의 세금을 부당하게 줄일 문제가 여전히 남아 있을 소지가 있다.

중국의 기업소득세법에 의하면 국채이자소득을 제외한 모든 이자소득은 과세대상으로 규정하고 있으나 한·중조세조약 제11조에 의하면 정부, 중앙은행 및 정부성격의 기능을 수행하는 금융기관[55]에게 지급되는 이자는 면세로 규정하고 있다. 따라서 중국기업이 한국수출입은행 등 금융기관으로부터 빌린 차입금에 대하여 이자를 지급하는 경우 중국에서 이자소득에 대하여 면세이므로 원천징수하지 않는다. 한국 법은 한때 국채 이자나 그밖에 비과세이자를 여러 가지 규정하고 있었지만 현재는 비과세이자소득은 원칙적으로 없다.

그러나 이 문제는 반드시 이자소득과 지급이자 사이에서만 생기는 것은 아니다. 경제 전체를 놓고 본다면, 비과세소득이 있는 이상 차익거래 문제는 언제나 생기게 마련이다.[56] 이런 차익거래를 막기 위하여 한국 현행법은 수입배당금의 익금불산입과 관련하여 지급이자를 손금불산입하고 있다.[57] 또한 비과세가 아니더라도 특정한 투자에서 수익이 생기지 않거니 투자소득에 대한 과세를 이연해 주는 경우에도 관련한 지급이자는 손금불산입하여야 한다는 생각에 터잡아 한국 법은 건설자금이자나 비업무용자산에 관

55· 정부성격의 기능을 수행하는 금융기관이란 한국의 산업은행, 수출입은행, 한국투자공사(KIC), 수출보험공사 및 금융감독원을 말한다.

56· 이창희, 『세법강의(제13판)』, 955~956쪽.

57· 법인세법 제18조의2 제1항 제3호, 제18조의3 제1항 제3호.

련한 지급이자를 손금불산입한다.[58]

중국 세법에서는 일반적인 손금불산입조항 외에 지급이자의 손금불산입에 관한 규정은 기업소득세법 제46조의 한 개 조문만 있다. 비록 과세처리 방법에서는 중국과 한국이 대체로 유사하지만, 중국의 과소자본세제는 보다 구체적이지 못하고 자의적인 해석이 가능하다는 측면이 강하고 따라서 개선이 필요한 부분이라 할 것이다. 과세행정의 번거로움을 일단 제쳐 놓는다면 적어도 입법론으로는 익금불산입이나 비과세 소득에 관련된 지급이자는 모두 손금불산입하여야 할 것으로 생각된다.

Ⅲ. 손금불산입 이자의 계산

1. 한국의 계산방법

한국에서 과소자본세제를 적용하여 손금불산입하는 이자의 구체적인 계산 방법은 국조령 제25조 제1항 내지 제5항에 규정되어 있는데, 그 핵심을 요약정리하면 아래와 같다.

손금불산입액 = 내국법인이 국외지배주주로부터 차입한 전체 차입금 중 이자율이 높은 차입금(같은 이자율이 적용되는 차입금이 둘 이상인 경우에는 차입시기가 늦은 차입금부터 적용)부터 차례대로 각 차입금에 해당 이자율을 곱하여

---

58. 법인세법 제28조 제1항 제3호, 제4호.

합산한 이자 및 할인료. 다만, 합산하는 한도는 이자율이 높은 차입금의 적수積數부터 누적한 적수가 초과 적수가 될 때까지로 하며, 누적한 적수가 초과적수보다 많아지게 되는 때의 마지막 차입금의 적수 중 초과적수보다 많아지는 부분은 제외

초과 적수 = 내국법인(외국법인의 국내사업장을 포함)의 국외지배주주(국외지배주주의 지급보증을 통하여 내국법인에 금전을 대여하는 제3자를 포함)에 대한 총 차입금 적수 − [국외지배주주의 내국법인 출자금액 × 기준배수(2배 또는 업종별 배수)]

위의 산식에 대하여 사례를 들어 계산한 결과는 다음과 같다.

[사례 2]

① 출자금 : 100, 기준배수 : 2배일 때, 차입금 상황이 아래와 같음.

차입금	차입금액	이자율	차입기간	차입금적수	이자
A	100	30%	6개월	100×365×6/12	15
B	800	20%	3개월	800×365×3/12	40
C	600	10%	3개월	600×365×3/12	15

② 초과적수 = (400-200) × 365=200 × 365

③ 이자율이 높은 차입금적수부터 200까지 누적 합산 : 차입금A 적수 전부(50×365)와 차입금B 적수의 4분의 3(150×365)

④ 손금불산입액 = 50×0.3+150×0.2 = 45

2. 중국의 계산방법

중국의 경우는 과소자본세제의 적용에 따라 손금에 산입할 수 없는 이자금액은 다음의 공식에 따라 계산한다.

손금불산입액 = A × (1-B/C)[59]

A : 기업이 특수관계인(특수관계인의 지급보증 등 간접적인 방법에 의하여 기업에게 금전을 대여해 주는 비관련 제3자를 포함)에게 지급하여야 할 이자총액(기타 이자의 성격을 가지고 있는 모든 형태의 비용 포함)

B : 기준배수. 원칙은 2배이지만, 금융업과 같은 경우는 5배임[60]

C : 특수관계인의 채권성투자총액이 권익성투자에서 차지하는 비율

위와 같은 산식을 사례2에 적용한다면 다음과 같은 결과가 나온다.

⑤ 손금불산입액 = 70 × (1-200/400) = 35

한중 양국의 과소자본세제하에 손금불산입 이자의 계산방법과 사례를 함께 살펴보면 알 수 있듯이 중국의 계산방법은 단지 손금불산입 이자의 총금액을 계산할 뿐이고 해당 이자에 대응되는

---

59. 시행방법 제85조, 제86조.

60. 중국 121호문 제3조에 의하면 기업이 금융업 및 비금융업을 동시에 영위하는 경우 특수관계인에게 실제로 지급하는 이자는 반드시 합리적 방법에 따라 구분하여 계산하여야 한다. 합리적 방법에 따라 구분하지 못하는 경우 일률적으로 2:1에 따라 계산한다.

특정 차입금 및 귀속자를 구분하지 않았다. 이에 반해 한국의 계산방법은 총금액의 계산에 집중하지 않아 손금불산입 이자에 대하여 우선순위를 정하고 이에 대응한 특정 차입금까지 산출하였다. 또는 산식에서 적수의 개념을 사용하도록 한 것은 과세연도 중 일시적인 차입금 또는 출자액의 증가나 감소로 인하여 과세소득을 산정함에 있어서 불합리성이 생기는 것을 방지하도록 하기 위해서이다.[61]

한국은 2010년 말 국조령 제25조가 개정되기 전까지는 중국세법의 손금불산입액 산식과 비슷한 계산방법을 사용하였다.[62] 그러나 2002년 개정 국조법 제16조 제2항은 서로 다른 이자율이 있는 경우 높은 이자율이 적용되는 것부터 손금불산입하도록 개정하였으나, 시행령에서 이를 실현할 수 있는 구체적 방안이 마련되지 않았다. 그리하여 2010년까지는 사실상 기존의 방법(손금불산입 대상 이자를 평균함)에 따라 계산하였고 결과적으로 국조법상 규정이 사문화되고 말았다. 하지만 2010.12.30. 국조령 제25조 제1항 내지 제4항이 개정되면서 위와 같은 입법 불비가 뒤늦게나마 시정되었다.[63]

61· 한국 국세청, 『외국인투자기업 납세안내』, 2007, 227쪽.

62· 개정된 조문에 의하면 손금불산입액 = A×(1-C/B).
A : 내국법인(외국법인의 국내사업장을 포함)이 국외지배주주(국외지배주주의 지급보증에 의하여 내국법인에게 금전을 대여하는 제3자를 포함)에게 지급하여야 할 이자 및 할인료
B : 내국법인의 국외지배주주에 대한 총차입금 적수
C : 국외지배주주의 내국법인 출자금액적수의 3배 또는 제26조에서 규정하는 업종별 배수

63· 이경근 · 서덕원 · 김범준, 앞의 책, 332~333쪽.

제6절
소결

상술한 바와 같이 한중 양국 과소자본세제의 적용요건을 일일이 비교해 본 결과, 양국의 과소자본세제의 뼈대가 거의 비슷하다는 결론을 내릴 수 있다. 비록 명칭의 사용이나 구체적인 계산방법 등 다소 차이가 있지만, 핵심적인 판단기준은 별 차이가 없다. 이리하여 중국 과소자본세제를 적용하면서 생기는 문제는 한국 세법상의 규정을 참조할만한 가치가 있는 것으로 판단된다.

그러나 어느 정도 성숙된 단계에 이르렀던 한국에 비하여 중국의 과소자본세제는 관련 법률의 미비로 인하여 아직 많은 부분에서 한계점을 보이고 있다. 이런 문제점을 요약하면 다음과 같다.

첫째, 과소자본세제의 적용대상은 이전가격세제와 구분하지 않아 체계상 혼란이 생기는 문제가 있다. 이것은 중국 세법이 이전가격세제와 과소자본세제의 관계를 잘 파악하지 못하기 때문이다. 따라서 중국은 한국 조세법상 과소자본세제가 이전가격세제에 우선하여 적용한다는 규정을 참조하여 과소자본세제에게만 적용될 수 있는 조항들을 별도로 가려내어 따로 규정할 필요가 있다.

둘째, 중국 세법상 과소자본세제에 따른 손금불산입된 이자에 대한 범위를 구체적으로 파악하여 확정하기 어렵다는 문제가 있다. 한국은 기업회계의 보충적 효력에 관한 일반적인 조항이 두어져 있기 때문에, 기업회계에서 이자비용으로 처리하는 것을 세법이 그대로 존중하는 범위 안에서는 기업회계상 비용처리된 지급이자가 과소자본세제의 적용대상이 되는 반면 중국은 이러한 규정이 없다. 따라서 중국 세법의 문언상 지급이자로 처리하는 규정이 없는 경우에는 기업회계의 기준으로 판단한다는 규정을 신설할 필요가 있다.

셋째, 중국 세법에서는 일반적인 손금불산입조항 외에 지급이자의 손금불산입에 관한 규정은 기업소득세법 제46조의 한 개 조문만 있다. 비록 과세처리 방법에서는 중국과 한국이 대체로 유사하지만, 중국의 과소자본세제는 보다 구체적이지 못하고 자의적인 해석이 가능하다는 측면이 강하고 따라서 개선이 필요한 부분이라 할 것이다. 적어도 입법론으로는 익금불산입이나 비과세 소득에 관련된 지급이자는 모두 손금불산입해야 할 필요가 있을 것이다.

넷째, 환산환율에 대해 한국은 내국법인 사업연도 종료일 현재의 외국환거래법에 따른 기준환율 또는 재정환율을 적용하여 환산한다고 규정하였으나 중국 세법상은 아무런 규정이 없다. 또는 차입금 계산의 기준 시점에 대해 중국은 구체적인 결정방법을 제시하지 않는 반면 한국은 연간평균잔액기준을 사용하고 있다. 이에 따라 법집행력 강화 및 실효성 확보를 위하여 중국의 과소자본세제를 보완할 필요가 있을 것이다.

다섯째, 중국의 과소자본세제에 따른 손금불산입 이자의 계산은 단지 손금불산입 이자의 총금액을 계산할 뿐이고 해당 이자에 대응되는 특정 차입금 및 귀속자를 구분하지 않았다. 이에 반해 한국의 계산방법은 총금액의 계산에 집중하지 않아 손금불산입 이자에 대하여 우선순위를 정하고 이에 대응한 특정 차입금까지 산출하였다. 또는 과세연도 중 일시적인 차입금 또는 출자액의 증가나 감소로 인하여 과세소득을 산정함에 있어서 불합리성이 생기는 것을 방지하도록 하기 위하여 한국의 해당 계산방법에서 적수의 개념을 사용하고 있다. 따라서 중국 세법은 이런 점에서 한국 현행 과소자본세제의 구체적인 규정을 참조하여 더 나은 방향으로 개선할 수 있는 것으로 보인다.

마지막으로 중국 세법상 과다차입금 판단에 대하여 "출자가액의 5배" 기준을 적용하는 금융업의 범위를 어디까지 볼 것인지를 규정하지 않았다는 문제가 있다. 최근 중국경제의 리스크로 금융업 부실채권 규모 급증 문제가 부각되면서 금융업 범위 기준 마련이 가장 중요한 과제로 대두되고 있다. 참고로 한국은 금융업의 범위는 한국표준산업분류에 따른다고 규정하고 있다.[64]

64· 한국 통계법 제22조.

04

손금불산입 이자의 과세조정

과소자본세제에 따라 손금불산입되는 지급이자는 무슨 소득으로 구분하여야 하는가? 이는 또 이자를 받아간 특수관계인에 대한 과세에 어떤 영향을 주는가? 일단 이 문제를 다룬 사례부터 살펴보자.

[사례 3]

비금융업에 종사하는 기업A는 중국 회사법에 의하여 설립된 내국법인이고 기업B, C, D와는 특수관계에 있다. 그중 B, C는 중국 내국법인이고 D는 나라U에서 설립된 외국법인이다.

2017년 기업A가 관계기업간에서 한 자금거래활동 내역은 발생시간의 선후대로 정리하면 다음과 같다.

(1) A가 어떤 은행과 연 이율 8%, 즉 만기일에 이자 400을 지급하기로 약정하여 5,000의 대출금을 받았다. A의 특수관계인 기업B는 이에 대하여 연대보증을 제공하여 따라서 A는 B에게 지급보증수수료 500을 지급하였다. 한편 특수관계가 없는 제3자의 경우 같은 차입조건 하에 400의 지급보증수수료를 지급했을 것이다.

(2) A가 국내 특수관계인인 기업C로부터 1년기 금전소비대차계약을 체결하여 차입금 10,000을 차입하였고 또한 연 이율 15%, 즉 만기일에 이자 1,500을 지급하기로 약정하였다. 한편 같은 차입조건 하에 시장금리는 12%이다.

(3) A가 국외 특수관계인인 기업D로부터 장기외화차입금 20,000을 차입하였고 연 이율 15%, 즉 만기일에 이자 3,000을 지급하기로 약정하였다. 한편 같은 차입조건 하에 시장금리가 10%이다.

2017년에 기업A의 각 월 평균 자본총액은 50,000이고 부채총액은 20,000이다.[1]

같은 해 기업A의 소득총액은 12,000이고, 그 중 비과세소득은 2,000이다. 따라서 비과세소득을 공제한 기업소득세과세표준은 10,000이고, 25%의 법정 세율을 적용한 법정납부세액은 2,500이다. 그러나 기업A의 실제납부세액은 2,000이다.

같은 사업연도 기업B의 소득총액과 비과세소득은 각각 30,000, 10,000이다. 따라서 B의 기업소득세과세표준은 20,000이고 법정

---

1 중국 시행방법 제86조.

납부세액은 5,000이다. 또는 기업B의 실제납부세액도 5,000이다.

기업C는 같은 사업연도의 소득총액은 50,000이고 비과세소득은 없다. 따라서 기업소득세과세표준도 50,000이다. 이에 대해 기업C의 법정납부세액은 12,500이지만 실제납부세액은 9,000이다.

국외 특수관계인인 기업D의 소재지국 U가 중국과 체결한 조세조약에서는 이자소득과 배당소득에 대한 원천징수세율이 각각 7%, 10%로 정하고 있다.

제1절
중국의 과세조정방법

중국 과소자본세제에 따라 손금불산입된 이자는 차기 사업연도로 이월할 수 없는바, 실제로 각 특수관계인에게 지급한 이자금액이 그들이 받아가는 이자지급총액에서 차지하는 비율에 따라 특수관계인에게 안분되어 계산하여야 한다. 다만, 그 중 국내 특수관계인의 실효세율이 이자를 지급하는 기업의 실효세율보다 높은 경우 분배된 이자금액은 손금산입 가능하며 과세대상소득금액을 계산하는 때 공제될 수 있다.

이와 달리 국외 특수관계인에게 직접 또는 간접적으로 실제 지급한 이자 가운데 손금불산입 된 부분은 실효세율과 상관없이 획일적으로 배당으로 보아야 한다. 따라서 기업은 국외 특수관계인의 이 국내원천소득(배당)에 대하여 개인소득세 또는 기업소득세를 원천징수하는 때, 이미 이자로서 원천징수한 세액이 배당으로 조정된 세액보다 낮은 경우 차액에 대하여 세액을 추가로 징수하여 납부하여야 한다. 그러나 반대로 이미 징수된 이자소득세액이 배당소득으로 조정된 세액보다 많은 경우 세무기관이 이 차액에 대해서는 환급해주지 않는다.[2·]

I. 국내 특수관계인에게 귀속되는 경우

1. 실효세율의 측정

이미 제3장 제4절 II '기준적용의 예외' 부분에서 설명한 바와 같이 과소자본세제에 따라 손금불산입된 이자는 국내 특수관계인에게 귀속되는 경우 기업이 해당 차입거래가 독립기업원칙에 부합된다는 것을 입증할 수 없어도 자기의 실효세율이 특수관계인보다 높지 않은 것임을 입증한다면 여전히 과소자본세제의 적용에서 벗어날 수 있다. 이런 경우에는 기준초과 이자는 여전히 이자이고 손금불산입 문제가 없는 이상 소득처분 문제가 생기지도 않는다.

기업의 실효세율의 측정은 상술한 바와 같이 중국 내국법인간의 차입거래에 대하여 특수관계인이 받아가는 지급이자를 손금산입할 수 있는지를 정할 때의 중요한 과제이다. 기업의 실효세율은 일반적으로는 기업이 실제로 납부하여야 할 기업소득세가 각 사업연도의 기업소득에서 차지하는 비율로 반영된다. 그러나 납부세액 범위(국내납부세액에 외국납부세액 및 지방세 포함 여부) 및 기준이 되는 금액(소득 또는 과세표준)에 따라 실효세율의 크기도 다를 수밖에 없다. 이리하여

2· 중국 시행방법 제88조.

실효세율을 계산하는 기준방법에 대한 통일적인 규정은 당연한 요구가 된다.

하지만 '121호문' 및 시행방법을 보면 실효세율이라는 용어를 여러 번 언급하였으나 구체적인 계산방법을 제시하지는 않았다. 이에 관한 중국의 법적 규정에서 실효세율의 측정과 관련된 '공문公文'은 두 부가 있는데 하나는 「납세평가관리방법(시행)纳税评估管理办法(试行)」(이하 "평가방법"이라고 함)이며 다른 하나는 「기업납세연도 관련업무거래 신고서企業年度關聯業務往來報告表」(이하 "관련거래 신고서"라고 함)이다.

2005년에 실행된 '평가방법'은 중국 신기업소득세법을 제정하기 전에 되었다. 평가방법 부록2 '세목별 납세평가에 대한 특정된 분석기준 및 사용방법纳税评估分税种特定分析指标及使用方法'에서 거민기업 소득세 조세부담률(이하 "담세율"이라고 함)의 계산 방법을 다음과 같이 제시하였다.

계산식1. 담세율 = 기업소득세과세표준[3] / 각 사업연도의 소득 ×100%

소위 납세평가관리란 세무당국이 기업의 장부 · 서류 또는 신고 내용 등을 비교분석하여 납세의무자와 원천징수의무자(이하 '납세자'라고 함)의 납세신고(비과세, 소득공제, 세액감면, 세금환급, 납세유예 등 포함)의 진실성과 정확성에 대하여 판정하고 대응하는 관리조치를 취하는 것이다.[4] 비록 실효세율이라는 용어를 사용하지 않았지만, 납세평가관리의 정의

---

[3] 기업소득세의 과세표준은 기업 각 사업연도의 소득의 범위에서 결손금, 비과세소득, 소득공제액 등 공제한 금액으로 한다.

[4] 중국 시행방법 제2조.

및 설정목적을 비추어보면 계산식1에 따라 산정된 담세율은 기업소득기준으로 기업의 실효세율을 측정하기 위한 수단이 되고 국가 입장에서 '소득이 있는 곳에 과세한다'는 원칙을 강조하는 것이다.

계산식1을 근거로 사례3을 들어보면 기업A와 국내 특수관계인(비거민기업D 제외)의 담세율은 아래 도표와 같다.

기업	기업소득세과세표준	2017년도의 기업소득	담세율
A	250	1200	21%
B	500	3000	17%
C	1250	5000	25%

가령 실효세율의 측정법에 대하여 계산식1이 사용된다면 차입금이자를 지급하는 기업A의 실효세율이 국내 특수관계인인 B보다 높기 때문에 B가 받아가는 이자는 과소자본세세의 적용에 벗어나지 못한다. 이와 반면 국내 특수관계인인 C의 실효세율이 A보다 높은 까닭에 A가 C에게 지급한 차입금이자는 손금산입할 수 있다.

중국의 법적 규정에서 실효세율의 측정과 관련된 또 하나의 공문은 2008년부터 실행된 '관련거래 신고서'이다. 비록 이 공문은 2016년 1월 1일부터 중국 국세국에서 공포한 '특수관계기업신고'가 시행됨에 따라 일부실효가 되었지만 여전히 참고할만한 가치가 있다. 이것은 '특수관계인신고'의 흠결로 생기는 입법미비 사항에 대해서는 여전히 '관련거래 신고서'에 따르기 때문이다.[5]

'관련거래 신고서'에서 기업의 실효세율의 계산방법은 다음과

5· 耿颖 · 刘剑文 · 陈立斌 · 侯卓, 『财税法总论』, 169~171쪽.

같이 제시되었다.

계산식2. 실효세율 = 실제 납부세액/ 기업소득세과세표준 ×100%

계산식2에 따라 산정된 기업의 실효세율은 기업소득세과세표준을 기준으로 적용되어 정책효과 분석 측면이 강조된다. 이를 근거로 사례3을 들어보면 산정된 결과가 아래와 같다.

기업	실제 납부세액	기업소득세과세표준	실효세율
A	200	1000	20%
B	500	2000	25%
C	900	5000	18%

계산식2에 따른 계산결과가 1에 따른 결과와는 완전히 다른 것으로 보인다. 즉 실효세율의 측정법에 대해서는 산식2가 사용된다면 기업A가 국내 특수관계인인 B에게 지급하는 차입금이자는 손금산입될 수 있는 반면 C에게 지급하는 이자는 오히려 과소자본세제의 적용으로 손금불산입된다.

사용하는 용어의 일관성만 고려하면 기업 실효세율의 측정방식을 선택함에 있어서는 산식2가 가장 합리적이다. 하지만 '관련거래 신고서' 제1조에 의하면 계산식2는 중국 내국법인이 투자한 외국기업 소재지국의 실효세율을 측정하는 데만[6] 사용하고 있는데

6· CFC세제를 적용하기 위해서이다. 중국 기업소득세법 제45조에 의하면 거민기업 또는 거민

국내 특수관계인의 실효세율의 측정에 대해서는 적용되지 않는다.

법적으로 실효세율의 측정방식이 정해져 있지 않은 탓에 현재 중국 내국법인이 실효세율에 관련된 입증자료를 제출하기 전에 관할 세무기관에 문의하여 확인하여도 세무기관이 자의적으로 기준을 적용함으로써 많은 혼란을 초래하고 있다.[7] 따라서 이런 문제를 해결하기 위하여 중국 과세당국의 보완책 마련 착수가 요구된다.

2. 내국법인 과다차입금 지급이자 손금불산입

이자를 지급하는 기업이 자기의 실효세율이 이자를 받아가는 국내 특수관계인의 실효세율보다 높지 않은 것임을 입증하지 못하는 경우 과다차입금 이자가 손금불산입되는 것은 대개 한국 현행 법인세법상 비과세 소득을 이용한 차익거래tax arbitrage를 방지하는 지급이자의 손금불산입 원리와 같은 맥락이다.[8]

한편 한국의 법인세법은 과거에 내국법인에 대하여 과다차입금 지급이자 손금불산입 규정을 두고 있었다.[9] 이 제도는 기업의 자본구조 개선을 유도하여 안정성을 제고하기 위한 취지로 도입되었는데 제도의 도입시기는 한국 기업의 취약한 재무구조가 원인이

기업과 거민 같이 설립한 외국기업은 해당 기업 소재지국의 실효세율이 본 법 제4조 제1항에서 규정된 세율보다 현저하게 낮은 경우 합리적인 경영수요가 아닌 이상 이익을 분배하지 않거나 적게 분배하는 경우, 거민기업에 속하는 이익은 해당 사업연도 기업소득에 산입하여야 한다.

7· 叶守光, 『中国企业避税问题风险控制与管理实务』, 16~20쪽.

8· 이창희, 앞의 책, 955~956쪽.

9· 2004.12.31. 법률 제7317호로 폐지된 법인세법 제28조 제2항 내지 제4항; 2005.12.31. 법률 제7839호로 폐지된 조세특례제한법 제135조.

되었던 경제위기 발생 직후인 1998년초이며 2000년 귀속분부터 실제 시행되었나. 도입 당시 재무구조의 취약성을 이유로 기업이 지출한 경비를 인정하지 않는 제도는 회계논리상 문제가 있다는 지적이 제기되기도 하였으나 금융시스템의 미비로 금융시장에서 금리의 시장기능이 정상적이지 않기 때문에 다른 정책수단이 요구되는 상황이며, 세제가 그 역할을 일정 부분 수행할 수 있을 것이라는 주장이 경제위기 발생 이후 설득력을 얻게 되었다.[10]

이 제도는 한국의 금융시스템이 제대로 기능하지 못했기 때문에 세제를 통하여 기업의 자본구조를 개선하려는 의도에서 도입되었으나, 2005년 현재 한국 금리의 시장기능 회복 등 금융시스템의 정상화에 따라 폐지되었다. 현재 한국 법인세법상 지급이자의 손금불산입으로 기업의 자본구조에 영향을 미치는 규정은 주로 기업의 영업활동과 관련 없는 업무무관자산과 특수관계인에게 해당 법인의 업무와 관련 없이 지급한 가지급금 등에 대한 손금불산입 정도이다.

최근 중국경제의 최대 리스크로 부채 문제가 부각되면서 '기업부채발發 금융위기'에 대한 우려가 확산하고 있다. 중국 부채문제는 기업의 과다한 차입금에 있으며,[11] 기업부채 부실화로 회사채시장의 신용리스크 우려가 확대되고 은행권의 부실채권이 증가하고 있다. 중국 정부는 이를 막기 위하여 '기업구조개혁'을 촉진하고 있고 이러한 기업구조조정 중의 대표적인 것이 자본구조의 개

10· 손원익, 「과다차입금 지급이자 손금불산입제도에 대한 연구」, 235쪽.

11· 부채 급증은 부채에 의존한 경기부양 방식에 기인하며, 최근에는 기업들이 차입금 이자 상환과 해외 기업 인수를 위하여 대출로 조달했기 때문이다. 상세한 것은 포스코경영연구원, 「중국경제의 잠재 뇌관, 부채 리스크」 참조.

선이다.[12] 1997년 외환위기에 직면한 한국 과세당국이 위와 같은 금융비용 과다공제 제한제도를 제정한 이유를 보면 중국에서 현재 진행 중인 기업재무구조 개혁의 목적과 대동소이한 것으로 판단된다. 이런 점에서 중국은 개혁의 실효성을 제고하기 위하여 한국의 해당 제도에 관한 비교연구를 많이 활용하여야 할 것이다.

예를 들면 기준초과차입금이자의 손금불산입 규정은 특정기업[13]에 한하여 적용하여야 하고, 적용기준의 예외 사항에 대하여 기업이 당해 사업연도에 지급한 이자와 매출액, 소득금액, 또한 직전 사업연도의 기준초과차입금과의 비율 등 요소를 고려하여야 한다. 또는 차입금 과다법인에 대한 지급이자 손금불산입 규정은 회사정리법 등에 의하여 구조조정이 진행중인 기업에 대하여 예외를 두어야 한다. 구조조정이 진행 중인 기업에 부채가 많다는 이유로 세무상 불이익을 주는 것은 기업회생을 더 어렵게 만들기 때문이다.[14]

Ⅱ. 국외 특수관계인에게 귀속되는 경우

중국 기업소득세법에서는 과소자본세제의 적용을 받아 손금불

12· 2015년 9월 13일 국유자산관리위원회는 「국유기업 개혁에 대한 가이드라인(지도의견)」을 발표하여 국유기업을 시장성과 공공복지 두 가지 특성으로 구분하고, 이에 따라 개혁을 추진할 것으로 발표. http://www.sasac.gov.cn/n86114/n86137/index.html 방문날짜 : 2017.6.18.

13· 한국은 대상 기업은 주권상장법인 및 협회등록법인과 직전사업연도종요일 현재 자기자본이 1천억 원을 초과하는 법인에 한하였다. 2004.12.31. 법률 제7317호로 개정되기 전의 법인세법 제28조 참조.

14· 한국경제연구원, 『세법과 기업회계, 상법 및 증권거래법 등과의 합리적인 조화방안에 관한 연구』, 129~131쪽.

산입되는 이자는 국외 특수관계인에게 귀속되는 경우 이를 배당으로 처분한다고 규정하고 있다. 이것은 과소자본세제를 숨은 이익처분의 일종이라고 보기 때문이다.[15] 뒤에서 다시 보겠지만 한국 과소자본세제도 같은 입장을 취하고 있다.

Ⅲ. 중국의 과세조정방법에 대한 검토

중국의 일반적인 지출비용공제조항[16]과 과소자본세제의 소득처분규칙에 입각한 사례3에 대한 분석은 아래와 같다.

1. 일반적인 지출비용공제에 따른 과세처리

채권자	차입 금액	이자 금액	기타 이자의 성격을 가지는 비용	일반적인 지출비용공제조항에 위반되어 손금부인된 금액	다음 단계로 넘어 적용 여부를 판단할 이자금액
B[17]	5000	400	500	100	800
C	1000	1500	0	300	1200
D	2000	3000	0	1000	2000

기업 A가 관계기업 B의 연대책임보증에 의하여 은행으로부터 차입한 자금은 간접적 채권성투자에 해당되고 따라서 B가 지급보증을 해주는 대가로 A로부터 받는 지급보증수수료는 기타 이자의

15· 廖益新 · 邱冬梅, 「利息或是股息－资本弱化规则适用引发的定性识别冲突问题」, 14쪽.

16· 중국 기업소득세법 제8조. 본문 제3장 제5절 참조.

17· 명의상 채권자는 어떤 은행이지만 여기에서는 실제 채권자를 말한다.

성격을 가지고 있는 비용에 해당된다. 또한 일반적인 이자공제에 대하여 비금융기업이나 개인의 차입금이자는 금융기업이 같은 기간에 다른 유사한 채무자에 대출한 금리로 계산한 금액을 넘지 않도록 규정하고 있으므로 기업A가 B에게 지급한 500의 지급보증수수료비용은 400의 시장금리기준으로 계산되어야 하고 초과된 100의 금액에 대해서는 기업A가 소득공제를 받지 못한다.

같은 맥락으로 기업 A가 특수관계기업 C 그리고 D에게 지급한 차입금이자도 시장금리기준으로 하향조정하여야 한다. 따라서 다음 단계에서 기업A에 대한 과소자본세제의 적용 여부 판단을 받는 이자금액은 800 + 1,200 + 2,000 = 4,000이다.

2. 과소자본세제에 따른 과세처리

세제적용기준에 해당하는 부채 대 자본 비율을 결정하는 방식에 대하여 중국이 기업 전체 기준을 적용하고 있음은 앞서 본 바와 같다. 위의 사례 3에서 확인할 수 있듯이 기업A의 특수관계인 전원의 차입금 총액은 20,000이고 자기자본은 500이다. 따라서 부채 대비 자기자본의 비율은 4이고 법정 세제적용기준인 2를 초과하였다.

위와 같은 전제조건하에 기업A의 과소자본세제에 따라 손금불산입된 이자금액총액은 2,000(=4000×(1-2/4))이다. 이를 각 특수관계인이 실제로 받아가는 이자금액이 이런 금액총액에서 차지하는 비율대로 안분 · 산정된 결과는 다음과 같다.

특수관계인	실제로 지급받은 이자금액 ①	비례 ②=①/5400×100%	각 특수관계인에게 귀속되는 부분 ③=②×2000
B	900(400+500)	17%	340
C	1500	28%	560
D	3000	55%	1100
합계액	5400	100%	2000

중국의 기업소득세법 제119조 제2항에 따르면 만일 기업이 특수관계인의 연대책임보증에 의하여 비관련 제3자로부터 채권성투자를 받는 경우 해당 특수관계인으로부터 차입한 금액을 계산할 때 비관련 제3자로부터 차입한 금액과 합산하여야 한다. 즉 기업A가 특수관계인인 B로부터 차입한 금액은 B의 연대책임보증에 의하여 은행으로부터 차입한 금액과 합산하고, 따라서 B가 A로부터 받아가는 이자금액은 A가 비관련 제3자인 은행에게 지급하는 이자에 합산하여야 한다.

중국 과소자본세제에 따라 손금불산입된 이자는 국내 특수관계인에게 귀속되는 경우 실효세율의 측정단계가 남아 있다. 가령 '관련거래 신고서'에서 제시된 측정방법(계산식2)에 따르면 기업A의 실효세율은 B보다 낮고 C보다 높다. 따라서 기업A가 국내 특수관계인인 B에게 지급하는 차입금이자는 여전히 손금산입될 수 있으나 C에게 지급하는 이자 중 560의 금액은 과소자본세제의 적용으로 손금불산입된다.

국외 특수관계인의 경우 실효세율 측정단계가 없지만 배당처분 규정으로 원천징수세액의 조정은 필요하다. 국외특수관계인인 D의 거주지국과 체결한 조세조약 배당소득에 대한 제한세율이 10%

인 경우, 기업A가 D에게 이미 이자로서 원천징수한 세액과 배당으로 조정된 세액을 상계한 결과는 기업A가 1100×(10%－7%)=33의 세액을 더 납부하여야 할 것이다.

상기내용을 정리한다면 기업A에 대하여 최종적으로 손금불산입된 이자총액 및 각 채권자에게 귀속되는 부분은 아래와 같다.

채권자	차입금 이자금액	손금불산입된 이자금액
B	900	100
C	1500	860(300+560)
D	3000	2100(1000+1100)
총액	5400	3060

상기 손금불산입된 이자금액을 산정할 때 기업B의 실효세율이 기업A보다 높기 때문에 과소자본세제의 적용을 벗어날 수 있으나, 일반적인 지출비용공제조항에 맞지 않으면 지급이자의 전부 또는 일부는 여전히 손금으로 취급되지 않는다.

3. 이중과세 문제

과소자본세제가 특수관계인들이 자기자본에 차입금이라는 겉모습을 씌워놓은 것을 실질에 맞추어 자기자본으로 재구분하는 제도라고 하면 국내 특수관계인에게 귀속되는 손금불산입된 이자도 배당으로 재구성하여야 논리의 앞뒤가 맞다. 그러나 중국 과소자본세제는 내국법인이 실효세율이 낮은 국내 특수관계인으로부터 과다하게 차입하였을 경우 지급이자의 성격은 유지하되 손금성만

부인하고 있다. 이자라는 성격에는 변함이 없으면 이자는 여전히 이자로 취급되고, 사례3에서 기업A의 입장에서는 단지 지급이자를 손금산입하지 못할 뿐이다. 중국과 같은 입법례에서는 이중과세를 경감시키기가 곤란하다. 기업A가 국내 특수관계인인 기업C에게 지급하는 이자 중 일부에 대하여 손금으로 인정되지 않으면서도 이를 수취하는 기업C는 이자소득에 대해 과세하는 결과가 발생하기 때문이다.

4. 차별금지원칙과의 관계에 대한 검토

중국의 과소자본세제는 비용을 지급받는 자의 내외 구분에 따라 서로 다른 손금산입 규정을 적용하고 있다. 즉 이자를 지급받는 자는 국내 특수관계인이면 실효세율이 이자를 지급하는 기업보다 높은 것과 차입거래가 독립기업원칙에 부합된다는 것, 둘 중의 하나만 입증한다면 과소자본세제의 적용에서 벗어날 수 있다. 그러나 국외 특수관계인의 경우 과소자본세제의 차꼬를 풀려면 독립기업원칙에 어긋나지 않는 것을 입증할 수밖에 없다.

OECD 모델 조약 제24조 제5항에 의하면 한 체약국의 기업이 상대방 체약국의 거주자에게 지급하는 이자, 사용료 및 기타 지급금은 동 기업의 과세이윤결정상 동 이자, 사용료 및 기타 지급금이 동 체약국 거주자에게 지급되었을 때와 같은 조건으로 공제되어야 한다. 그러면 중국의 과소자본세제는 조약상 차별금지원칙에 어긋나지 않는가?

중국의 많은 학자들의 입장은 아니라고 한다.[18] 그 이유는 OECD 모델 제25조 주석 56문단은 채권자가 거주자이든 비거주자이든 과소자본세제를 똑같이 적용한다면 차별금지 원칙에 어긋날 바 없다고 한다. 중국의 과소자본세제는 비거주자에게만 적용하는 것이 아니라 중국 거주자라 하더라도 실효세율이 이자를 지급하는 기업보다 작은 경우이면 똑같이 적용하기 때문에 조약상 차별금지 의무에 어긋나지 않았다고 주장하는 것이다.[19]

하지만 현실적으로는 특수관계인 차입금이 기준차입금을 넘는 기업에 대하여 차입거래가 독립기업원칙에 부합된다는 것을 입증하기가 쉽지 않다. 앞서 보았듯 기업은 자기의 부채상환능력, 재무구조, 경영여건 등 여러 가지 차원에서 특수관계가 없는 자와 유사한 것임을 입증하고 또 차입금의 이자율, 만기일, 지급방법, 자본전환가능성, 담보설정 등을 고려할 때 정상적인 차입금과 유사한 것임을 입증해야 비로소 과소자본세제의 적용에서 벗어날 가능성이 있다.[20] 반면 기업의 실효세율의 측정은 실제납부세액 및 과세표준세액만 확정되면 바로 나올 수 있을 것이다. 결국 다른 체약국 거주자라는 이유로 본국 기업보다 불리하게 이자의 손금산입을 제약하는 것이고 차별금지에 맞지 않는다.

그러나 한국 법인세법상 국내출자자에게 적용했던 과다차입금 지급이자 손금불산입제도를 폐지됨에 따라 과소자본세제를 해외지배주주에게만 적용하는 것은 외국인투자기업에 대한 차별이 아닐까? 맞는 말이다. 과소자본세제는 이자 형식으로 과세소득을 줄여 조세를 회피하는 것을 막자는 규정이고, 이런 규정이 없으면

18· 예를 들면 刘剑文 等著,『《企业所得税法》实施问题研究 : 以北京为基础的实证分析』, 제8장, 또는 梁淑红,「资本弱化规则发展评述」에서도 같은 입장을 취한다.

19· 刘剑文 等著, 위의 책, 186~187쪽.

20· 중국 121호문 제2조, 시행방법 제89조.

현지법인 소득에 대한 세수가 주주의 소재지국으로 넘어간다. 그러나 세수는 차별화를 정당화하지 못한다. 과소자본세제는 국내법상의 규정일 뿐이고, 과세당국의 세수확보라는 사유로 조약의 글귀에 어긋날 수 있다는 말은 긍정하기가 어렵기 때문이다.

같은 문제에 시달리는 영국과 이탈리아는 아예 과소자본세제를 국내출자자에게도 적용하도록 수정하였다.[21] 그러나 법인세 이중과세 부담을 제거해주는 제도를 외국인투자기업까지 확대적용하지 않는 채 이자를 받아가는 자의 내외를 불문하고 지급이자의 손금산입에 제한을 가하도록 법을 고쳐도 과소자본세제가 손금산입의 차별이라는 시비를 막기 위해 붙여 놓은 위장전술에 불과하다. 이렇게 되면 해결책은 과소자본세제를 없애거나 국내주주에게만 배당세액공제를 적용하던 종래의 이중과세 배제 방식을 버리고 국내투자에서도 전통적 세제로 돌아가는 것밖에 없을 것이다.[22]

제2절
한국의 과세조정방법

한국 국조령 제25조 제6항에 따라 내국법인이 국외지배주주로부터 직접 차입하거나 또는 국외지배주주의 지급보증에 의하여 제

21· BOD Seidman LL.P., *Tax News International* No. 11, December 2003; Kofler, "The Relationship between the Arm's Length Priciple in the OECD Model Treaty & EC Tax Law", *16 Journal of International Taxation* 32, 2005.

22· 이창희, 『국제조세법』, 제9장 제3절 III 및 IV 참조.

3자로부터 차입한 금액에 대하여 지급하는 이자 또는 할인료 중 손금으로 취급되지 않는 금액은 다음과 같이 처분된다.

I. 국외지배주주로부터 차입하는 경우

국외지배주주로부터의 직접차입에 대한 이자를 손금부인하는 경우 손금불산입된 이자를 법인세법 제67조에 따른 배당으로 처분된 것으로 본다.[23] 즉 한도초과 차입금의 실질을 자본금으로 보고, 중국 현행법도 국외 특수관계인의 차입금에 대하여 같은 입장을 취하고 있음은 앞서 본 바와 같다.[24] 이자의 귀속자가 주주인 경우에는 손금부인된 이자의 실질은 배당으로 취급하여야 하므로, 이를 전제로 소득처분이 이루어지는 것이다.[25]

과소자본세제에 따라 배당으로 처분된 금액은 국외지배주주의 국내원천소득이 되고[26] 내국법인의 각 사업연도의 소득에 대한 법인세로서 원천징수하여야 한다.[27] 국조법 제14조(과소자본세제)에 따라 배당으로 처분된 금액을 외국법인의 국내원천소득으로 보는 규정은 2005.12.31. 개정된 법인세법에서 추가되었고 그 종전 조항에는 외국법인 국내원천소득으로 '소득세법 제17조 제1항에 규정된 배당소득과 국조법 제9조에 의하여 배당으로 처분된

---

23. 국조령 제25조 제6항 전(前)단.
24. 이 장 제1절 II 참조.
25. 이경근 · 서덕원 · 김범준, 『국제조세의 이해와 실무—국제조세조정에 관한 법률 내용을 중심으로』, 347~348쪽.
26. 법인세법 제93조 제2호.
27. 법인세법 제98조 제1항 제3호, 동령 제137조 제1항.

금액'만을 규정하고 있었다. 조세법률주의 원칙에 비추어 위 개정 조항은 창설적 효력을 가지므로, 시행(2006.1.1.)되기 전에 배당으로 처분 간주된 금액은 외국법인 국내원천소득으로 볼 수 없어 법인세가 부과되지 않는다.[28]

Ⅱ. 제3자로부터 차입하는 경우

한편 국외지배주주의 지급보증으로 제3자로부터 차입한 금액에 대한 이자를 손금부인하는 경우에는 법인세법 제67조에 따른 기타사외유출其他社外流出로 처분된 것으로 본다.[29] 국외지배주주가 아닌 제3자에게 지급한 금액은 논리상 배당으로 취급될 수 없는 까닭이다. 따라서 원천징수대상은 될 리가 없다. 법인세 세무조정 사항 중 조세정책목적상 익금산입 · 손금불산입하는 사항들로서 귀속자에 대한 납세의무를 지우지 않기 위하여 기타사외유출로 처분한다.

이에 비해 내국법인이 국외지배주주가 아닌 제3자로부터 차입할 경우 당해 차입거래가 국조법 제15조의 제3자 개입거래에 해당하여 국외지배주주로부터 직접 차입한 것으로 본다면 손금부인된 금액은 배당으로 처분한다.[30]

28· 서울고등법원 2012.5.2.선고 2011누40327 판결(대법원 2012.9.13. 선고 2012두11737 판결로 심리불속행 상고기각).

29· 국조령 제25조 제6항 후단.

30· 국조통 15-25-1.

Ⅲ. 원천징수세액의 상계조정

지급이자를 배당으로 규정하는 경우 이미 지급이자에 대하여 원천징수한 세액을 환급하고 배당에 대한 원천징수 세액을 새로이 추징하여야 하는 번거로움이 있다. 이를 간소화하기 위하여 한국은 원천징수한 세액과 상계 조정하고 차액만을 추징(또는 환급)할 수 있도록 상계규정을 두고 있다.[31]

만일 원천징수세액에 대한 상계조정을 할 결과 납부할 세액이 있는 경우에는 법인세법 제60조 제1항의 신고기한에 속하는 달의 다음달 10일까지 이를 납세지 관할세무서장에게 납부하여야 하며, 환급받을 세액이 있는 경우에는 납세지 관할세무서장에게 그 금액의 환급을 신청할 수 있다.

한편 중국의 경우는 원천징수세액의 상계 조정한 차액에 대하여 세무기관이 추징할 수 있는 규정만 두고 있다. 만일 환급받을 세액이 생기는 경우 납세의무자가 환급신청하지 못하도록 규정하고 있다. 이것은 중국은 '공유제'에 기초한 사회주의 시장경제체계를 운용하고 있는 국가로서 지나치게 국고주의적으로 세법을 제정 · 해석하는 과세관행이 횡행하고 있기 때문이다.[32]

31· 국조법 제14조 제4항, 국조령 제28조.
32· 유호림, 「중국의 조세회피방지제도 동향 및 시사점」, 32~33쪽.

제3절
과소자본세제와 조세조약상 소득구분

소득을 구분할 필요는 조세조약에서도 마찬가지다. 한국 국조법 제28조는 비거주자 또는 외국법인의 국내원천소득의 구분에 관하여는 소득세법 제119조 및 법인세법 제93조에도 불구하고 조세조약이 우선하여 적용된다고 규정하고 있다. 따라서 과소자본세제의 적용을 받아 손금불산입되는 이자를 배당소득 또는 기타사외유출로 처분하는 것은 국내법 적용상의 소득구분일 뿐이고, 조세조약상의 소득구분과는 별개의 쟁점이다. 한편 중국 '세수징수관리법'도 외국과세당국과 체결한 조세 관련 조약이나 협정은 국내법보다 우선하여 적용된다고 한다.[33]

국가 측면에서는 이자소득과 배당소득의 구별은 세수의 국제적 분배에 대하여 큰 영향을 미친다. 현지법인이 해외 특수관계인의 차입금에 의존하여 자금조달을 할수록 소득원천지국의 과세액이 줄어들고 이자를 받는 자의 소재지국의 과세액은 늘어날 수 있다. 특히 소득원천지국에서는 자본유치 경쟁의 한 갈래로 비거주자가 받아가는 이자소득에 대한 세금을 면제하는 경우 소득원천지국의 과세액은 완전 0이 된다. 만일 소득원천지국이 과소자본세제를 적용하여 해외 특수관계인의 차입금 일부를 자기자본으로 취급하여 이자의 손금성을 배제하고 이를 배당으로 과세한다면 소득원천지국의 과세액은 늘어나는 반면, 해외 특수관계인 소재지국의 과세액은 당연히 감소하게 된다. 이렇게 보면 과소자본세제의 본질은

33· 중국 세수징수관리법 제91조.

기실 소득원천지국과 거주지국간의 과세소득의 할당이다.

세수의 국제적 분배를 둘러싸고 원천지 과세를 주장하는 자본수출국과 거주지 과세를 주장하는 자본수입국은 이해를 달리하고,[34] 따라서 해외 특수관계인의 소재지국은 소득원천지국이 지급이자의 성격 재조정에 대하여 그대로 인정할 리가 없다. 그러나 문제는 지급인과 수익적 소유자의 소재지국 사이에 과소자본세제에 따라 손금불산입된 이자상당액을 수취 배당금으로 취급한다는 협의를 달성하지 않는 경우 국제적 이중과세가 불가피하게 생기는 것이다.

이에 대하여 OECD 조세모델조약은 "배당이라 함은 회사법상의 권리에서 생기는 소득으로 지급하는 회사의 거주지국 법에서 주식에서 받는 소득과 과세상 같은 취급을 받는 소득을 의미한다."고 한다.[35] 같은 글귀는 한·중조세조약에서도 담고 있는데,[36] 이것은 국내법에 따른 지급이자의 성격 재조정은 조약상으로도 배당소득이라고 구분할 근거가 된다.

한결 이자소득과 배당소득을 확실히 구분짓기 위해서는 조세조약에서 이자소득의 정의에 대하여 추가 작업이 필요하다. 즉 국내세법의 과소자본세제가 적용되어 지급이자 일부가 손금부인되면서 배당으로 취급될 경우 조세조약에서도 이자로 보지 않도록 하

34· 상세한 것은 이창희, 앞의 책, 제1장 제2절 참조.

35· OECD 조세모델조약 제10조 제3항.

36· 한·중조세조약 제10조 제3항에 의하면 '배당'이라 함은 주식으로부터, 또는 채권이 아니면서 이윤에 참가하는 기타의 권리로부터 생기는 소득 그리고 분배를 하는 회사가 거주자인 국가의 법에 의하여 주식으로부터 발생하는 소득과 동일한 과세상의 취급을 받는 기타의 법인 권리로부터 생기는 소득을 말한다.
https://txsi.hometax.go.kr/docs/customer/law/statutePact_jomun_detail.jsp?log_law_kind=조세조약&log_inter_law_id=154&inter_law_id=154&gubun=3, 방문날짜 : 2017.5.2.

는 것이다. 이런 점을 고려하여 개정된 한·영조세조약과 한·캐나다 조세조약은 '이자란 배당조항에서 다뤄지는 소득항목을 포함하지 아니한다'라는 문구를 두고 있다.[37]

제4절
소결

이장에서는 한중 과소자본세제에 따라 손금부인된 이자의 소득처분과 이에 관한 국제적 논의 동향을 파악하여 현재 양국 과소자본세제의 문제점을 논의하였다.

중국의 과소자본세제는 비록 이자를 받아가는 자의 내외를 불문하고 지급이자의 손금산입에 제한을 기하도록 규정하고 있지만 소득처분의 방식 선택함에 있어서 여전히 이자의 귀속자를 국내 및 국외를 나누어 서로 다른 처분방식을 취하였다. 결과적으로는 중국의 경우도 애초부터 해외지배주주에게만 적용되는 한국의 과소자본세제와 같이 조세조약상 차별금지원칙에 어긋나는 문제가 있다. 하지만 법인세 이중과세 부담을 제거해주는 제도를 외국인 투자기업까지 확대적용하지 않는 이상 과소자본세제 운영 자체는 차별을 둘 수밖에 없다.

결국 과소자본세제의 본질은 소득원천지국과 거주지국간의 과세소득의 할당이고 이에 따른 이자의 성격을 배당으로 재구분하는 것도 세수의 국제적 분배 과정 중 두 나라의 과세권을 절충한 결과

37· 한·영조세조약 제11조 제5항, 한·캐나다 조세조약 제10조 제5항. 각주 206의 사이트 참조.

이다. 한편으로 원천지국은 이자 성격 재조정을 통하여 소득이전으로 인한 세수일실을 규제할 수 있고, 다른 한편으로는 거주지국도 이에 상응하는 이중과세경감을 위한 대응조정조치를 취할 수 있게 된다.

그러나 국내법 적용상의 소득구분은 조제조약상의 소득구분과 별개의 쟁점이다. 이 문제는 조약의 글귀가 어떤지 또 조약과 국내법의 관계를 정한 국내법이 있는지, 이런 요소들을 하나 하나 따져보아야 한다.[38] 현재 한·중조세조약은 국내법이 손금불산입한 이자의 성격을 배당으로 재구분하는 경우에는 조약상으로도 배당소득으로 취급한다는 근거를 마련하였으나 한결 더 확실히 구분짓기 위하여 이자소득의 정의에 대하여 추가 작업이 필요하다.

38· 이창희, 앞의 책, 468쪽.

05

결론

이 글에서 한국과 중국의 과소자본세제를 비교 · 검토한 결과, 중국의 과소자본세제는 한국 국조법상의 과소자본세제와 국내 세법상의 '금융비용 공제제한'세제 중 특수관계인 차입 관련 부분을 합쳐서 부르는 것으로 평가된다. 이것은 중국 현행 기업소득세체계는 국제조세에 관한 법률을 따로 제정하지 않고 국 · 내외거래에 관한 조세에 대하여 통일적인 조정방식을 취하고 있기 때문이다. 따라서 본 논문은 '과소자본세제'가 한국에서 갖는 의미에 한정하지 않고 한중 양국에서 특수관계인 간 차입에 관련한 이자와 같은 금융비용의 과다한 공제를 제한하는 세제 전반을 비교 연구하였다는 데 의미가 있다.

한편 한국의 법인세법은 과거에 과다차입금에 대한 지급이자의 손금산입을 제한하는 규정인 기준초과차입금이자의 손금불산입 규정을 두고 있었다. 1997년 관련 규정 제정 시 '정상적인 수준을 넘어선 기형적이고 파행적인 차입경영에 대하여 세제상의 제한을 강화하기 위함'이라는 제·개정 이유는 중국 현재 진행 중인 국유기업의 재무구조 개혁의 목적과 대동소이한 것으로 보인다. 이런 세제를 통해서 기업의 재무구조를 개선하려는 의도에서 중국 과세당국은 개혁의 실효성을 제고하기 위하여 한국의 해당 제도에 관한 비교연구를 많이 활용하여야 할 것이다.

예를 들면 기준초과차입금이자의 손금불산입 규정을 자산규모가 큰 기업이나 상장법인 등 특정기업에 한하여 적용하여야 하고, 제도적용의 예외기준에 대하여 기업 당해 사업연도에 지급한 이자와 매출액, 소득금액, 또한 직전 사업연도의 기준초과차입금과의 비율 등 요소를 고려하여야 한다. 이것은 예외기준이 기업들의 재무구조 개선을 유인하는 긍정적인 역할을 할 수 있기 때문이다.

다른 한편 중국 현행 과소자본세제의 의하면 내국법인이 실효세율이 낮은 국내 특수관계인으로부터 과다하게 차입하였을 경우 지급이자의 성격은 그대로 유지된다. 그러나 이런 경우에는 지급인의 과세소득은 증가하는 반면 수익적 소유자의 입장에서는 이에 상응하는 세금을 또 내게 된다. 이러한 이중과세문제를 해소하기 위하여 중국의 과소자본세제는 국내·외 특수관계인에게 통일적으로 초과이자 배당간주 소득처분이 적용되도록 개정해야 할 것이다.

또는 한중 양국의 과소자본세제의 적용요건 및 소득처분 규정에서 살펴본 바와 같이 중국의 과소자본세제는 그 형식에 있어서는 한국과 크게 다르지 않은 것으로 평가된다. 따라서 중국에 진출하였거나 진출예정인 한국 투자기업들은 중국의 과소자본세제 내지 조세회피방지규정을 쉽게 이해하는 데 많은 도움이 된다. 다만 관련 법률의 미비로 인하여 아직 많은 부분에서 한계점을 보이고 있다. 그 외에도 법보다는 '행정'으로 일이 처리되는 경우가 많기 때문에, 수시로 변하는 '조세정책'이 행정의 기준이 된다는 문제도 있다. 이런 문제를 해결하기 위해서는 아직 발전 단계에 있는 중국은 한국의 과소자본세제에 대한 비교법적으로 면밀히 검토할 필요성이 있다. 특히 한국도 외국의 투기성 자본이 행하는 조세회피행위로 인하여 세수에 많은 손실을 입었던 전례를 생각하면, 그의 대책에 대한 연구는 같은 문제에 직면하고 있는 중국에 대하여 세제의 보완함에 더 많은 시사점을 줄 수 있을 것으로 판단된다.

상술한 내용에 근거하여 본 논문에서는 중국의 과소자본세제의 문제점 및 이에 대한 개선방안을 도표로 다음과 같이 정리한다.

중국 현행 과소자본세제의 문제점	개선방안
지급이자 손금불산입 규정은 모든 기업에게 적용되어 효율적이지 않음.	지급이자 손금불산입 규정을 자산규모가 일정한도를 초과한 기업이나 상장법인 등 특정기업에 한하여 적용함. 다만 제도적용 예외기준을 마련.
과소자본세제에 따른 손금부인된 이자금액은 국내 특수관계인에게 귀속되는 경우 해당 금액이 배당소득으로 처분되지 않아 이중과세 문제 발생.	손금불산입된 이자금액에 대한 소득처분은 국내외를 구분하지 않고 통일적으로 배당할 것을 간주.
과소자본세제의 적용대상은 이전가격세제와 구분하지 않아 체계상 혼란이 생김.	과소자본세제에게만 적용될 수 있는 조항들을 별도로 가려내어 따로 규정함.
과소자본세제에 따른 손금불산입된 이자에 대한 범위를 구체적으로 파악하여 확정하기 어려움.	문언상 지급이자로 처리하는 규정이 없는 경우에는 기업회계의 기준으로 판단하다는 규정 신설.
특수관계인의 차입금 상한은 "출자가액의 5배" 기준을 적용하는 금융업의 범위를 확정하지 않음.	금융업 범위 확정 기준 마련.
법적으로 실효세율의 측정방식이 정해져 있지 않음.	자의적 법집행을 제거하기 위하여 되도록 형식적 법률 규범 제성.
중국의 과소자본세제에 따른 손금불산입 이자의 계산은 해당 이자에 대응되는 특정 차입금 및 귀속자를 구분하지 않음. 또는 과세연도 중 일시적인 차입금 또는 출자액의 증가나 감소로 인하여 과세소득을 산정함에 있어서 불합리성이 생김.	한국 현행법을 참조하여 손금불산입 이자에 대하여 우선순위를 정함. 또는 한국의 해당 계산방법에서 적수의 개념 도입 필요.

한국 구법인세법상 과다차입금 지급이자 손금불산입제도의 입법취지로 보든지 구국조법상 과소자본세제에 따른 손금불산입 지급이자의 계산방법으로 보든지 과소자본세제 하나만 비교해 봐도 현재 중국은 20년 전 한국이 걸었던 길을 걷고 있음을 알 수 있다. 현재 한국의 경제와 법적 체계가 잘 되어 있는 모습을 보면 앞으로 중국의 20년은 또 어떤 모습으로 변화되어 있을지 기대된다.

참고 문헌

◆ 한국문헌

[단행본]

김인근, 『국제조세의 이론과 실무』, 광교이택스, 2007.

김준석, 『국제조세실무(개정증보판)』, 영화조세통람, 2007.

순윤환, 『국제조세조정에관한 법률 해설과 실무』, 조세통람자, 1996.

이경근 · 서덕원 · 김범준, 『국제조세의 이해와 실무』, 영화조세통람, 2014.

이창희, 『국제조세법』, 박영사, 2015.

______, 『세법강의』, 박영사, 2015.

[논문]

고윤성 · 이영한, 「법인세법상 지급이자 손금한도 초과법인에 대한 실증연구」, 『회계학연구』 31-3, 2006(9).

김석환, 「과소자본세제와 조세조약 – 배당간주된 초과이자의 조세조약상 소득구분을 중심으로」, 『저스티스』 159, 2017(4).

김인겸 · 서경석, 「법인세법상 지급이자 손금불산입 규정이 재무구조에 미치는 영향에 관한 연구」, 『한국회계정보학회 학술발표논문집』, 2000.

손원익, 「과다차입금 지급이자 손금불산입제도에 대한 연구」, 『(구) 한국재정 · 공공경제학회 재정논집』 16-2, 2002(2).

신승묘, 「법인세부담이 자본구조에 미치는 영향에 관한 실증연구」, 『세무학연구』 제14호, 1998.(8).

______, 「유효법인세율과 부채비율 사이의 인과관계 분석과 세법상 지급이자 손금불산입 규정의 유효성 평가」, 『회계학연구』 30-4, 2005(12).

심종석, 「중국 이전가격과세제도의 정책적 함의와 그 유의점에 관한 고찰」, 『국제회계연구』 24, 2008(12).

오현석, 「중국세법 특별납세조정」, 『조세학술논집』 25(2), 2009(8).

우명강, 「중국 세제개편의 회고 및 전망 – 1990년대 이후 세제개편을 중심으로」, 『한중관계연구』 1-2, 2015.

유철형 · 김태균, 「외국 투자자의 국내 기업인수와 관련한 주요 국제조세 쟁점」, 『BFL』 Vol.73, 2015.

유호림, 「중국의 조세회피방지제도 동향 및 시사점」, 『조세연구』 16-2, 2016(6).

윤지현, 「부가가치세의 환급거부 '처분'과 법인세 결손금의 감액경정 '처분'의 취소청구에 관한 문제 – '음(陰)'의 세액이나 소득을 조세소송에서 어떻게 다루어야 하는가?」, 『저스티스』 통권 제153호, 2016(4).

이성엽 · 전규안 · 김환희, 「법인세법상 배당금 익금불산입 제도의 개선방안에 관한 연구 – 지급이자 손금불산입을 중심으로」, 『세무와회계저널』 13-2, 2012.

이영진, 「지급이자의 손금산입 규칙에 관한 연구 : 현행법상 지급이자 손금불산입 규칙을 중심으로」, 서울대학교 법학석사학위논문, 2009.

이진영, 「과소자본세세 – 2007년 세제개편안을 중심으로」, 『조세학술논집』 24-1, 2008(2).

______, 「국제적 자본이동과 과소자본세제」, 『조세법연구』 14-1, 2008(4).

이창희, 「과소자본세제의 현황과 전망」, 『서울대학교 법학』 제28권 제4호, 2007(12).

______, 「외국납부세액공제 제도의 제 문제」, 『서울대학교 법학』 제55권 제1호, 2014(3).

인경훈, 「우리나라의 국제조세조정에 관한 법률상 과소자본세제에 관한 연구」, 강남대학교 세무학과 석사학위논문, 2007.

정강원, 「자본조달순위이론에 관한 한중 비교 연구」, 『기업경영리뷰』 8-1, 2017(2).

정연박, 「중국의 국제 조세회피방지제도에 관한 고찰」, 『2008 세계법제연구보고서』, 법제처, 2008(12).

정종인 · 박장호, 「외국인직접투자의 현황 및 과제」, 한국은행조사국, 2007.

한상국, 「중국의 새로운 기업소득세법에 대한 법학적 고찰」, 『세무학연구』 24-3, 2007(9).

환진형, 「중국 기업소득세법 제정에 따른 입법적 시사점 검토」, 『경제현안분석』 제36호, 국회예산정책처, 2008(12).

[기타]

『개정세법해설(국제조세편)』, 국세청, 2015.

『금융비용 과다공제 제한제도의 국제비교 연구』, 한국조세재정연구원, 2014.

『비거주자 · 외국법인의 국내원천소득 과세제도 해설』, 국세청, 2016.
『세법과 기업회계, 상법 및 증권거래법 등과의 합리적인 조화방안에 관한 연구』, 한국경제연구원, 2004.
『외국법인 및 외국인투자기업 납세안내』, 국세청, 2015.
『외국인투자에 대한 과세제도 및 이전가격세제(한중 국제조세 심포지엄)』, 한국조세연구원, 2005.
『조세의 이해와 쟁점Ⅳ – 국제조세』, 국회예산정책처, 2014.
『중국 진출기업을 위한 세무안내』, 국세청, 2014.
『중국경제의 잠재 뇌관, 부채 리스크』, 포스코경영연구원, 2016.

◆ 중국문헌

[단행본]

邱冬梅 · 廖益新, 『资本弱化税制研究』, 科学出版社, 2013.
沈肇章, 『基于企业避税行为分析的反避税策略研究』, 中国财政经济出版社, 2012.
刘剑文, 『国际所得税法研究(第一版)』, 中国政法大学出版社, 2000.
______, 『《企业所得税法》实施问题研究 : 以北京为基础的实证分析』, 北京大学出版社, 2010.
______, 『国际税法学(第三版)』, 北京大学出版社, 2013.
熊伟 · 刘剑文, 『税法基础理论』, 北京大学出版社, 2004.
耿颖 · 刘剑文 · 陈立斌 · 侯卓, 『财税法总论』, 2016.
刘剑文 · 熊伟 · 翟继光 · 汤洁茵, 『财税法成案研究』, 2012.
刘剑文主编, 『财税法学前沿问题研究5 : 法制财税与国家治理现代化』, 法律出版社, 2015.
翟继光, 『特别纳税调整法律与政策实用手册』, 立信会计出版社, 2009.
翟继光, 『特别纳税调整实务指南 : 避税与反避税的较量』, 西南财经大学出版社, 2009.
周自吉 · 林治滨, 『转让定价基础理论与实务操作』, 中国财政经济出版社, 2011.
徐洪才主编, 『中国资本运营经典案例(下册 : 问题篇)』, 清华大学出版社, 2005.
罗慰年, 『半资本论 : 半资本主义与中国社会』, 世界华语出版社, 2016.
張合, 『經濟政變 : 中國股災是權貴的合謀』, (New York)財大出版社, 2015.
李国建, 『税收制度改革与发展研究』, 山东人民出版社, 2004.
马怀德主编, 『行政法与行政诉讼法(第2版)』, 中国政法大学出版社, 1997.
张斌 · 杨志勇, 『新《企业所得税法》解读 : 新旧对比与条文解释』, 机械工业出版社, 2007.

[논문]

廖益新 · 邱冬梅,「利息或是股息 – 资本弱化规则适用引发的定性识别冲突问题」,『暨南学报』, 2017(4).

赵德芳,「对资本弱化避税案例的思考」,『税务研究总』 第296期, 2016(1).

刘剑文 · 丁一,「逃税之法理探索(上)」,『涉外税务』, 2016(8).

刘磊,「论资本弱化税制」,『涉外税务』, 2015(10).

曾飞 · 夏文川,「我国防止资本弱化避税的法制现状及完善建议」,『涉外税务』, 2015(12).

汪利锬 · 刘小川,「外商投资企业通过资本弱化来避税? – 来自中国1998 – 2008年面版数据分析」,『财贸研究』, 2012(4).

梁淑红,「资本弱化规则发展评述」,『会计之友』 总第27期, 2012.

叶守光,「中国企业避税问题风险控制与管理实务」, 中国税务出版社, 2012(2).

应小陆,「安全港模式：我国资本弱化税制建立的现实选择」,『上海金融学院学报』, 2011(3).

王进猛 · 茅宁,「在华外资企业为什么大面积亏损」,『世界经济』 第1期, 2008.

韦坚,「新企业所得税法对企业的影响评价」,『特区经济』, 2007.

方威威,「我国反资本弱化避税问题的探究」, 上海海关学院税务硕士毕业论文, 2015.

常秀娟,「在华跨国公司避税问题的研究」, 东北财经大学博士论文, 2013.

李蕤,「我国资本弱化特别纳税调整的实证分析」, 华东政法大学硕士论文, 2013.

周芬芳,「资本弱化税制法律问题研究」, 复旦大学硕士学位论文, 2008.

陈红彦,「跨国股息征税问题研究」, 厦门大学博士论文, 2007.

杨荣军,「资本弱化税制研究」, 华东政法大学硕士论文, 2008.

刘源超,「发展中国家对外直接投资的理论与模式研究」, 北京大学博士学位论文, 2008.

范昕林 · 易娜 · 周冬丽,「实行统一的法人所得税的必要性, 加行性和紧迫性」,『中国税务学会税务研究』 总255期, 2007.

[기타]

中国税收研究报告, 国家税务总局税收科学研究所编, 2012.

中國統計年鑑, 國家統計局, 2005.

中國統計年鑑, 國家統計局, 2007.

中国税务年鉴, 国家税务总局, 2015.

中国财政发展报告, 上海财经大学公共政策研究中心.

深圳市资本弱化所得税政策课题组, 资本弱化企业所得税政策的国际经验与借鉴, 涉外税务, 2005.12.

毕马威企业咨询(中国)有限公司, 中国资本弱化反避税首案纵深, 新理财Z1期, 2012.

◆ 영문문헌

Andreas Korner, "The New German Thin Capitalization rules : Tax Planning Incompatibility with European Law", *Intertax* Vol.32(8–9), 2004.

CCH, *Tax Planning & Compliance in Asia*, Kluwer Law International, 2005.

Edward I. Altman, "Financial Ratios, Discriminant, Analysis and the Prediction of Corporate Bankruptcy," *Journal of Finance* Vol.23. 1968.

Kofler, "The Relationship between the Arm's Length Principle in the OECD Model Treaty & EC Tax Law", *16 Journal of International Taxation* 32, 2005.

Michael Lang, *CFC Legislation, Tax Treaties and EC Law*, Kluwer Law International, 2004.

Mohammed Mardan, "Why Countries Differ in Thin Capitalization rules : The Role of Financial Development", *European Economic Review* Vol.91, 2015(4).

OECD Commitee on Fiscal Affairs, "Thin Capitalization", 1987.

OCED, *Attribution of Profits to a Permanent Establishment : Revised discussion draft for public comment*, 2004.

_____, "Thin Capitalization Legislation : A Background Paper for Country Tax Administrations(Initial Draft)", 2012.

_____, *Base Erosion and Profit Shifting*, 2013.

_____, *Model Tax Convention on Income and on Capital*, 2014.

_____, "Addressing the Tax Challenges of the Digital Economy(Korean version)", 2015.

_____, Preventing the Granting of Treaty Benefits in Inappropriate Circumstances (Chinese version), 2015.

Phillip R. Daves, *Corporate Valuation : A Guide for Managers & Investors*, Cengage Learning, 2003.

Stuart Webber, "Thin Capitalization and Interest Deduction Regulations, Copenhagen Research Group on International Taxation", *Discussion Paper* No. 8, 2010.

아시아
태평양법
연구시리즈 **6**

한중 과소자본세제에 관한 비교법적 연구

초판1쇄 발행 2019년 2월 15일

지은이 서련
펴낸이 홍종화

편집 · 디자인 오경희 · 조정화 · 오성현 · 신나래
김윤희 · 박선주 · 조윤주 · 최지혜
관리 박정대

펴낸곳 민속원
창업 홍기원 **편집주간** 박호원
출판등록 제1990-000045호
주소 서울 마포구 토정로 25길 41(대흥동 337-25)
전화 02) 804-3320, 805-3320, 806-3320(代)
팩스 02) 802-3346
이메일 minsok1@chollian.net, minsokwon@naver.com
홈페이지 www.minsokwon.com

ISBN 978-89-285-1277-5 94360
SET 978-89-285-1113-6

이 도서의 국립중앙도서관 출판시도서목록(CIP)은
서지정보유통지원시스템 홈페이지(http://seoji.nl.go.kr)와
국가자료공동목록시스템(http://www.nl.go.kr/kolisnet)에서 이용하실 수 있습니다.
(CIP제어번호 : CIP2019003576)

책 값은 뒤표지에 있습니다.
잘못된 책은 바꾸어 드립니다.